U0411665

国家社科基金
GUOJIA SHEKE JIJIN HOUQI ZIZHU XIANGMU
后期资助项目

新出古陶文文字編

Xinchu Gutaowen Wenzibian

徐在國　編著

北京师范大学出版集团
BEIJING NORMAL UNIVERSITY PUBLISHING GROUP
安徽大学出版社

圖書在版編目(CIP)數據

新出古陶文文字編/徐在國編著. —合肥:安徽大學出版社,2021.7
ISBN 978-7-5664-2263-7

Ⅰ. ①新… Ⅱ. ①徐… Ⅲ. ①陶文—匯編—中國 Ⅳ. ①K877.9

中國版本圖書館 CIP 數據核字(2021)第 142326 號

新出古陶文文字編

XINCHU GUTAOWEN WENZIBIAN

徐在國　編著

出版發行: 北京師範大學出版集團
安徽大學出版社
(安徽省合肥市肥西路 3 號 郵編 230039)
www.bnupg.com.cn
www.ahupress.com.cn

印　　刷: 合肥遠東印務有限責任公司
經　　銷: 全國新華書店
開　　本: 165mm×238mm
印　　張: 40.75
字　　數: 656 千字
版　　次: 2021 年 7 月第 1 版
印　　次: 2021 年 7 月第 1 次印刷
定　　價: 198.00 圓
ISBN 978-7-5664-2263-7

策劃編輯: 李　君　　**裝幀設計:** 李　軍
責任編輯: 李　君　李　晴　　**美術編輯:** 李　軍
責任校對: 王　晶　　**責任印製:** 陳　如　孟獻輝

版權所有　侵權必究

反盜版、侵權舉報電話:0551—65106311
外埠郵購電話:0551—65107716
本書如有印裝質量問題,請與印製管理部聯繫調換。
印製管理部電話:0551—65106311

國家社科基金後期資助項目
出版説明

後期資助項目是國家社科基金設立的一類重要項目,旨在鼓勵廣大社科研究者潛心治學,支持基礎研究多出優秀成果。它是經過嚴格評審,從接近完成的科研成果中遴選立項的。爲擴大後期資助項目的影響,更好地推動學術發展,促進成果轉化,全國哲學社會科學工作辦公室按照"統一設計、統一標識、統一版式、形成系列"的總體要求,組織出版國家社科基金後期資助項目成果。

全國哲學社會科學工作辦公室

目録

凡例

一、本字編以收録新出古陶文字形爲主。『新出』主要是指王恩田先生《陶文圖録》出版後新出土的古陶文，時間跨度自商至秦滅亡。

二、本字編正編分爲十四卷，另有合文和附録。字頭大致按照許慎《説文解字》一書順序排列。見於《説文解字》者，首出楷書字頭；凡《説文解字》所無，但可釋之字，徑出隸定字頭，在字頭右上角標＊號，按偏旁部首附於相應各部之後；雖可隸定，但未釋之字則置於附録。

三、每一個字頭下，分兩欄。第一欄標注時代，分商、西周、春秋、戰國。戰國則按國别分：齊、燕、晋、楚、秦。中山歸晋，越則歸楚。第二欄爲隸定形體（有些字不是嚴格隸定）。

四、本字編收字原則：收録全部已釋字和未釋字，字形殘缺過甚者除字形特殊外原則上不收。

五、爲避免字形失真，本字編所收録的字形，儘量采用原拓掃描録入。字迹不清晰但字形特别重要的一并附摹本。原拓與摹本同時出現時，僅出原拓出處。爲求清晰，個别字形做了描修。所録字形適當做了縮放處理，具體縮放比例不一一列出。

六、每字形下大多標明出處、辭例，以便查核。具體出處材料詳見第十條。

七、字形編排儘量吸收學術界最新的研究成果，大多不詳注作者、出處。書後附有『參考文獻』。

八、本字編後附有筆畫檢字表和拼音檢字表，以備檢索。拼音檢字表僅供查檢方便，非音韻專門研究，不能做注音字表使用。合文部分不出檢字表。

九、收録資料截止時間爲二〇一九年十二月。

十、書目簡稱。

秦陶：《秦陶文新編》

齊陶：《新出齊陶文圖録》

新陶：《新出古陶文圖録》

夕續：《夕惕藏陶續編》

新泰：《新泰出土田齊陶文》

鑒陶：《鑒印山房藏鉨印陶文》

燕齊：《戰國燕齊陶文》

集拓：《中國古代陶文集拓》

新豐：《臨潼新豐——戰國秦漢墓葬考古發掘報告》

薛河：《山東薛河流域系統考古調查報告》
雙樓：《新鄭雙樓東周墓地》
內蒙：《內蒙古自治區准格爾旗頭道溝遺址發掘簡報》
秦都：《秦都咸陽考古發掘報告》
任家嘴：《任家咀秦墓》
秦二〇〇三：《秦始皇帝陵園考古報告二〇〇一—二〇〇三》
秦二〇〇〇：《秦始皇帝陵園考古報告二〇〇〇》
塔：《塔兒坡秦墓》
西安：《西安南郊秦墓》
歷博：《中國歷史博物館藏法書大觀第三卷：陶文、磚文、瓦文》
三門峽：《三門峽市印染廠墓地》
遺珍：《步黟堂藏戰國陶文遺珍》
集存：《步黟堂古陶文集存》
步黟堂：步黟堂藏陶
自怡：自怡齋藏陶

木葉：木葉堂藏陶
樂陶：樂陶齋藏陶拓
齊拓：《齊陶文拓本》
秦拓：《秦陶文拓本》
陶成：《齊陶文集成》
陶賞：《戰國陶文鑒賞》
二秦：《二介山房藏秦陶文五十品》
二晋：《二介山房藏晋陶文四十七品》
陶選：《新出陶文封泥選編》
戎陶：《戎壹軒藏秦系陶文專題展》
郳陶：《山東鄒城市郳國故城遺址二〇一五年發掘簡報》
燕拓：《燕下都出土文物集拓》
阜陽：《阜陽博物館文物集萃》
天印：《天印藏陶》
洛陽：《洛陽陶文》

前言

本書所説的古陶文是指漢代以前刻畫、書寫或打印在陶器（含瓦文、磚文、陶範）上的文字。關於古陶文方面的文字編有：顧廷龍《古匋文孴録》、金祥恒《陶文編》、高明、葛英會《古陶文字徵》、王恩田《陶文字典》、高明、涂白奎《古陶字録》等。諸書各有千秋，已經有學者對相關的書做過詳細的疏證。

一九四九年後收録古陶文資料的集大成者有高明先生的《古陶文彙編》和王恩田先生的《陶文圖録》。我們已經做過介紹，此不贅述。王恩田先生的《陶文圖録》是齊魯書社二〇〇六年八月出版的。二〇〇六年後，與古陶文相關的資料書有：

袁仲一、劉鈺《秦陶文新編》，文物出版社二〇〇九年八月。

唐存才：《步黟堂藏戰國陶文遺珍》，上海書畫出版社二〇一三年十月。

唐存才：《步黟堂古陶文集存》一函六册，原拓本二〇一八年。

山東大學歷史文化學院考古學系、山東博物館、新泰市博物館：《新泰出土田齊陶文》，文物出版社二〇一四年十二月。

徐在國：《新出齊陶文圖録》，學苑出版社二〇一五年二月。

徐在國：《新出古陶文圖録》，安徽大學出版社二〇一八年一月。

楊廣泰：《新出陶文封泥選編》，文雅堂稿本二〇一五年。

周曉陸：《酒餘亭陶泥合刊》，藝文書院二〇一二年四月。

吕金成：《夕惕藏陶》，山東畫報出版社二〇一四年。

吕金成：《夕惕藏陶續編》，中西書局二〇一六年十二月。

尾崎蒼石、水野悟游、角谷天樓：《蒼石藏陶》，二〇〇九年十一月。

尾崎蒼石：《新出鉩印陶文百選》，蒼文篆會二〇一五年十一月。

許雄志：《鑒印山房藏鉩印陶文》，原器精拓二〇一八年。

張小東：《戎壹軒藏秦系陶文專題展》，西泠印社出版社二〇一九年。

石雙梁：《天印藏陶》，天印古陶館二〇一七年。

成穎春：《齊陶文集成》，齊魯書社二〇一九年。

孔祥宇：《二介山房藏秦陶文五十品》，原拓本。

孔祥宇：《二介山房藏晋陶文四十七品》，原拓本。

《秦陶文新編》，收録秦陶文三三七〇件，是目前收録秦陶文最多的著作。《步黟堂藏戰國陶文遺珍》著録一四七方齊陶文，五八方燕陶文，一五方秦陶文，一五方魏陶文。該書所録陶文精品多，大多未見著録。《步黟堂古陶文集存》一函六册，第一～三册爲齊國卷，第四册爲燕國卷，第五册爲三晋卷，第六册爲秦國及邾國卷。每册六

○方陶文，共計三六○方。所選陶文内容重要，大多未見著録。《新泰出土田齊陶文》著録新泰出土的陶文共計四一一方。《新出陶文封泥選編》著録六一方燕陶文，三五二方齊陶文，一一方秦陶文，多爲精品。《夕惕藏陶》收録自藏齊陶文一○○四方。《夕惕藏陶續編》收録沂水陶文八六五方。《酒餘亭陶泥合刊》著録燕陶文九方，齊陶文一六○餘方。《蒼石藏陶》共收陶文一三二方，有照片、拓片。《新出鉩印陶文百選》收録陶文一○○方，主要爲齊國、燕國陶文。《鑒印山房藏鉩印陶文》收録陶文六○方，其中魏陶文一五方、燕陶文二方、齊陶文三六方、秦陶文七方，均爲作者自藏，有不少新品，尤其是魏陶文部分。拙作《新出齊陶文圖録》所録齊陶文共一四五○方。拙作《新出古陶文圖録》大致按照時代編排，分商以前、商、西周、春秋、戰國、秦（含戰國秦）。戰國又分齊、燕、三晋（韓、趙、魏）、楚。收録商代陶文共計八十八方、西周陶文共計十六方。春秋陶文共計二方。戰國陶文占大宗，共計一○三五方（齊陶文共計三七一方、燕陶文共計三○五方、三晋陶文共計三四七方。韓陶文一二○方、趙陶文四二方、魏陶文七三方，其他一一二方、楚陶文共計一一方、秦陶文共計四七九方），該書搜羅新見古陶文資料大致齊備，省却學者查找相關資料的麻煩。《戎壹軒藏秦系陶文專題展》，收録秦陶文一○○方，有不少新品。《二介山房藏秦陶文五十品》《二介山房藏晋陶文四十七品》，均爲作者自藏，有许多新品。《齊陶文集成》收録齊陶文拓片一九五一件，計一七三七個品種，许多陶文是首次刊布。

我們一直認爲『材料是研究的基礎，材料收集的工作永遠在路上』。《新出古陶文圖録》交稿後，我們仍在不遺餘力地搜集陶文資料。這幾年，陸續購得古陶文拓本多批，秦、齊、燕、魏兼有。在收集材料的過程中得到了自怡齋主人、木葉堂主人等諸多陶文藏家的鼎力支持。

《新出古陶文文字編》是以《秦陶文新編》《新出古陶文圖録》《新出齊陶文圖録》《步黟堂古陶文集存》等爲基礎，附以新出土的古陶文資料（考古發掘報告、考古雜志等正式公布的）和我們購買的古陶文拓本以及朋友贈送的拓片、照片等相關資料。全書正文分爲14卷，另有合文和附録。書稿初稿完成後，申報國家社科基金後期資助，承蒙審稿專家厚愛，獲得立項。我們充分吸收審稿專家意見，做了如下修改：

一、按照時代和地域分欄。每一個字頭下，先按時代分：商、西周、春秋、戰國，戰國則按國別分：齊、燕、晉、秦、楚。中山歸晉。越歸楚。

二、單字字頭出本字。隸定字形占另外一欄。

三、所録字形個別不清晰者，我們做了摹本或圖像處理。

四、字形方向傾斜嚴重的，已經做了修正。

五、個別字釋文已經根據專家的意見做了調整，如：「悍」字等。

六、儘量搜羅新出古陶文材料，提供完整的古陶文字形。如：秦陶·曹溫、秦拓·處、秦拓·執、秦拓·咸淵里章、秦拓·咸淵里奭、秦拓·咸如邑悝、秦拓·咸少原辥、秦拓·咸鹵曲禮、秦拓·咸鹵曲禮、秦拓·咸如邑黿、秦拓·咸穑姑瘳、秦拓·咸穑姑瘳、秦拓·咸鼇期逨、秦拓·咸巨陽儋、秦拓·咸郚陽袍、秦陶·咸□毒午、步黟堂·匋、魏陶·邪市、雙樓·里猶等。對《步黟堂古陶文集存》等書中的新字形亦有補充，在此就不一一列舉了。

七、隸定但未釋字已經放附録。如：（腕）、（戜）、（肩）等。

八、個別字的放置頗費周折，不好處理。比如：新齊〇三五三、新齊〇三八七、新齊〇五七三、新齊〇五九五、新齊〇五九六、新齊〇六二三、新齊〇六六〇、新齊〇九一四、新齊〇九二三等，此字主要説法如下：

陳介祺

『行』、『辵』通，即『遷』。（尺牘七、九下記）

周季木

余疑此（）爲『鄉鄙』之『鄙』字。（顧廷龍《〈季木藏陶〉序》，一九四三）

方濬益

第三字（）疑『鄉』之异文。（《綴遺齋彝器考釋》二五・一六下）

王思田

釋『鄉』是正確的。字形1是陶文『鄉』的本字，像二人對酉（酒）而飲，會意。初誼爲饗，借爲『鄉里』之『鄉』。甲骨文、金文『饗』之本字像二人對簋而食，會意。其造字本義與此同。字形2從『酉』。字形三～五上部所從是『酉』之訛變。或增義符『邑』，或以『行』作聲符。『行』古音屬群母陽部，『鄉』爲曉母陽部。群、曉均牙者，二字讀音相近。（《齊國地名陶文考》，《考古與文物》一九九六年第四期，第四十五頁）

何琳儀

衢：□璽彙〇一九六輔~右鼤　□陶彙三・六五繇~吞口匋里犬

~，從『邑』，『襄』省聲，『行』爲疊加音符。疑『鄭』之繁文。『襄』三體石經《僖公》作□，《說文》古文作□。□與齊陶□吻合，由□、□、□加『衣』之上半□作□、□、□、□、□而變異。『襄』所從『衣』旁可省下半作人形，參鄂君啓節『襄』作□所從□。~，或釋『鄙』、『衢』，均與字形不合。

齊器~，讀『鄉』。典籍『曩』與『鄉』通用，是其佐證。（《戰國古文字典》第六百九十一~六百九十二頁，中華書局一九八九年）

高明　葛英會

以釋『鄉』爲是。此古文『鄉』字可隸寫爲『衢』『衢』或『衢』，從『行』，『䢽』聲，『衢』、『鄉』讀音相同，古爲雙聲又疊韵，《周書・召誥》『相宅』，何尊作『衢』宅，即其證，今『鄉』行而『衢』廢。（《古陶文字徵》第二百一十三頁，中華書局一九九一年）

趙超

懷疑□可能是齊國文字中特有的『州』字。（《鑄師考》，《古文字研究》第二十一輯第二百九十八~三百頁，中華書局二〇〇一年）

李零

我們懷疑此字應隸定爲『衢』，讀爲『廛里』之『廛』。《周禮・地官・載師》：『以廛里任國中之地。』古本『廛』作『壇』（《管子・五輔》亦作『壇』），鄭衆解釋爲『市中空地』或『城中空地』，鄭玄解釋爲『民居之區域』。（《齊、燕、郲、滕陶文的分類與題銘格式》，《管子學刊》一九九〇年第一期第八十四頁；　又《新編全本季木藏陶》第六頁，中華書局一九九八年）

陸德富

裘錫圭先生認爲，此字的上部既與『婁』之所從相似，似可讀爲『聚』。從讀音上看，『婁』『聚』古音皆在侯部，『聚』爲精系字，而從『婁』得聲的『數』也屬精系。《禮記・禮運》：『鳳皇麒麟，皆在郊棷』，《釋文》：『棷或本作藪。』《文選・羽獵賦》李善注引『棷』作『藪』。『棷』『聚』皆從『取』聲，可見，『婁』『聚』相通當無問題。（《戰國時代官私手工業的經營形態》，復旦大學博士論文二〇一一年三月）

李學勤

這些字形，下半部是清楚的，即從『行』、從『邑』……這個字的上半應該是『共』字，只不過把所從的『収』改成從『臼』了。……

齊陶文這個字，從『行』從『邑』，又從『共』或『共』省爲聲，顯然是『巷』字的另一個寫法。……

前面引過《説文》訓『巷』爲『里中道』，這是大徐本，小徐本則作『邑中道』。『里中道』不能理解做里以内的道路，因爲《説文》還説『皆在邑中所共也』。小徐本『邑中道』，即是由於這個緣故。其實『里中道』應爲里間的道路，一條道路可通向若干個里，其含意和『邑中道』其實没什麽不同。《詩・叔於田》傳：『巷，里塗（途）也。』也表明了巷和里的關係。（《秦封泥與齊陶文中的『巷』字》，《陝西歷史博物館館刊》第8輯第二十四～二十六頁，三秦出版社二〇〇一年）

關於該字考釋衆説紛紜，争議較大，至今尚未形成定論。我們傾向于李學勤先生的説法，姑且把該字放在卷六『巷』字下。其他疑難字的處理也是這樣。受工具書的限制，不可能把所有的觀點全部列舉出來，這是大家在使用時需要注意的。

古陶文字少，資料零散，博物館、考古所所藏公布不多，大量陶文散藏於民間。這些年我們一直留心古陶文資料的搜集整理，看的東西越多，越感覺自己的無知，真正體會到學無止境，學海無涯。

注釋：

一　顧廷龍：《古匋文舂録》，國立北平研究院石印本一九三六年。

金祥恒：《陶文編》，藝文印書館一九六四年。

高明、葛英會：《古陶文字徵》，中華書局一九九一年。

王恩田：《陶文字典》，齊魯書社二〇〇七年。

高明、涂白奎：《古陶字録》，上海古籍出版社二〇一四年。

新出古陶文文字編卷一

一

秦	晉		燕
 新陶五秦050中十一	 新陶四韓025廿一年以來	 新陶四燕011十六年十一月左缶(陶)	 新陶四燕005廿一年十二月右缶(陶)君(尹)
 秦陶321一	 新陶四晉101十一	 新陶四燕050廿一年牆(將)軍臣喚都	 新陶四燕006廿一年二月右缶(陶)君(尹)
 秦陶474十一			 新陶四燕007廿一年八月右缶(陶)君(尹)
 秦陶1526一			 新陶四燕008廿一年□月右缶(陶)君(尹)

天

秦	晉	齊	春秋	商
 新陶五秦198并兼天下	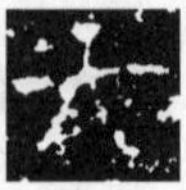 新陶四晉106天	 新陶四齊318天	 新陶三02·001天	 新陶二017天
 新陶五秦206并兼天下	 新陶四晉109天		 新陶三02·002天□	
 秦陶2977周天子				
 秦陶3390天下□□				

上

晋			燕	
	辻			
 集存5·9 □詒曰上	 新陶四燕 226缶(陶) 辻(上)	 自怡.明上	 新陶四燕 147□攻 (工)上	 秦陶3356 天下諸矦
 新陶四韓 075上□		 木葉.缶 (陶)攻(工) 上	 新陶四燕 267上	 秦陶3375 天下諸矦
 新陶四韓 076上□			 新陶四燕 268上	 秦陶3412 天下諸□
 新陶四平 037上			 新陶四燕 304缶(陶) 攻(工)上	 秦陶3369 天下諸□

帝

		秦	秦	楚
 秦陶3366 皇帝	 秦陶3353 立號爲皇帝	 新陶五秦 199皇帝	 秦陶1296 上邽工明	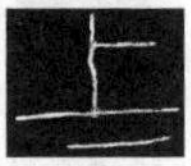 阜陽3・2 陳上
 秦陶3372 皇帝	 秦陶3359 皇帝	 新陶五秦 201皇帝	 秦陶1436 東武居貲 上造慶忌	
 秦陶3401 □帝	 秦陶3360 皇帝	 新陶五秦 202皇帝	 秦陶3129 上官	
 秦陶3404 皇帝	 秦陶3365 皇帝	 秦陶3353 皇帝	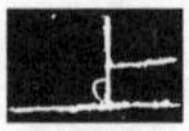 秦陶3150 上官	

下　　　　旁

齊	秦	燕		
 齊拓.下炻里練貽	 秦陶1851旁	 新陶四燕127缶(陶)攻(工)旁	 秦陶3422□帝  秦陶3423皇帝	 秦陶3406□帝  秦陶3407□帝  秦陶3408□帝  秦陶3419皇帝

			秦	晋
 秦陶3389 天下諸矦	 秦陶3359 天下諸矦	 秦陶1350 下邽	 秦陶1298 下邽	 新陶四趙 001下尃
 秦陶3390 天下□□	 秦陶3361 天下□矦	 秦陶2347 咸下處疾	 秦陶1343 下邽	
 秦陶3408 天下□□	 秦陶3369 天下諸□	 新陶五秦 197并兼天 下	 秦陶1346 下邽	
 秦陶3411 天下諸□	 秦陶3375 天下諸矦	 新陶五秦 198并兼天 下	 秦陶1347 下邽	

祝	祭	禮		示
商	晋	秦		秦
 新陶二052 祝	 洛陽3・12 祭器	 秦陶1148 陜禮	 秦陶911示	 秦陶2221 示
 新陶二056 祝		 秦拓.咸鹵 曲禮	 秦陶912示	 秦陶908示
			 秦陶217示	 秦陶909示
			 秦陶218示	 秦陶910示

三　祟

晋		燕	商	秦
 洛陽3·3 吉三卅二	 新陶四燕 064三享 （豰）  新陶四燕 247三	 新陶四燕 014廿三年 十月  新陶四燕 024廿三年 十二月右缶 (陶)攻(工) □  新陶四燕 026十八年 三月右缶 (陶)君(尹)  新陶四燕 028十九年 三月右缶 (陶)君(尹)	 新陶二012 三	 秦陶3135 祟里雕

王

	齊	西周		秦
 集存3·44 王粆 或釋"主"	 齊陶0281 竺采之王□	 新陶三 01·012 王□	 秦陶503三四	 秦陶341三
 集存3·46 王豆	 集存1·4 王孫陳棱再□□亭□			 秦陶340三
 集存0360 王粆	 集存1·44 蒦圆(陽)匋(陶)里人曰王達			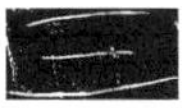 秦陶339三
 齊陶0361 王粆	 集存3·50 王卒之區			 秦陶475十三

燕				
 新陶四燕042亩(廩)城都王勹鍴(瑞)	 齊陶0975桼郡巷脊里王□貽	 齊陶0895中蒦圚(陽)王侉	 齊陶0396王卒左敀城圚(陽)櫙里坣	 陶成1.007.2王豆
 新陶四燕043釋文：亩(廩)城都王勹鍴(瑞)	 新陶四齊065王卒左□圚(陽)北里五	 新陶四齊173丘齊炶里王□	 齊陶0397王卒左敀城圚(陽)櫙里坣	 齊陶0380王區
 新陶四燕044亩(廩)城都□王勹鍴(瑞)		 陶成5.03.20.1丘齊炶里王□□	 齊陶0405王卒左敀城圚(陽)□□□	 齊陶0381王□
 新陶四燕045日庚都王勹鍴(瑞)		 陶成1.002.1王卒之粁	 齊陶0575丘齊平里王庠奭	 齊陶0382王豆

皇

	秦		秦	
 秦陶3359 皇帝	 秦陶1317 安邑皇	 秦陶3004 莤王吉	 新陶五秦 047中□王 氏	 新陶四燕 046昜(陽) 安都王勹 鍴(瑞)
 秦陶3359 皇帝	 秦陶1355 安邑皇	 秦陶3125 北園王氏 缶容十斗	 新陶五秦 066王襄	 新陶四燕 048□□市 王勹
 秦陶3365 皇帝	 秦陶1358 安邑皇		 新陶五秦 067王𦙶	 燕齊014王
 秦陶3366 皇帝	 秦陶3353 皇帝盡并 兼天下諸矦		 秦陶2938 樂定王氏 九斗	

璋　　王*

晉	齊	秦		
 新陶四韓079□璋	 齊陶0948 緜巷東匋(陶)里璋	 秦陶2517 咸禾里王	 新陶五秦202皇帝	 秦陶3368 皇帝
	 陶成 5.05.311.1 東酷里老璋		 新陶五秦206皇帝	 秦陶3376 皇帝
			 新陶五秦210皇帝	 新陶五秦199皇帝
			 秦陶3353 立號爲皇帝	 新陶五秦201皇帝

士　　班　　瓔　　玢

燕	齊	秦	晉	秦
 新陶四燕109士缶(陶)乙	 新陶四齊342士	 戎陶064咸沃里班	 新陶四趙018瓔	 秦陶1605咸鄺里玢
 新陶四燕110缶(陶)工士	 陶成5.21.131.1甘士			
 新陶四燕123缶(陶)攻(工)士				
 新陶四燕132□攻(工)士				

 新陶四燕 264士	 新陶四燕 260士	 新陶四燕 254士	 新陶四燕 194缶(陶) 攻(工)士	 新陶四燕 144缶(陶) 攻(工)士
 新陶四燕 265士	 新陶四燕 261士	 新陶四燕 255士	 新陶四燕 209缶(陶) 攻(工)士	 新陶四燕 189缶(陶) 攻(工)士
 燕齊018士 午	 新陶四燕 262士	 新陶四燕 257士	 新陶四燕 213缶(陶) 工士	 新陶四燕 191缶(陶) 攻(工)士
 燕齊046缶 (陶)攻(工) 士	 新陶四燕 263士	 新陶四燕 259士	 新陶四燕 253士	 新陶四燕 193缶(陶) 攻(工)士

中			壯	
齊			秦	秦
 新陶四齊308中	 秦陶2421壯	 秦陶2151壯	 秦陶2147壯	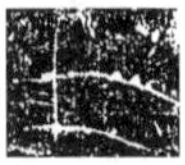 秦陶303士
 新陶四齊308中	 秦拓.咸沙里壯	 秦陶1620咸鄏里壯	 秦陶2148壯	 秦陶1442氏居貲公士富
 新陶四齊308中	 集存6·15咸沙里壯	 秦陶1815咸鄏里壯	 秦陶2149壯	 秦陶1444平陰居貲北游公士滕
 新陶四齊309中	 戎陶047咸沙里壯	 秦陶2526□沙□壯	 秦陶2150壯	 秦拓.士右

 集存2・3 中蒦圖(陽) 里區人牛	 齊陶0170 陳中□立愆	 新陶四齊 172中蒦圖 (陽)里匋 (陶)□	 新陶四齊 310中	 新陶四齊 309中
 齊陶 0894 中蒦圖(陽) 里□□	 齊陶0171 陳中□□萺	 齊陶0165 陳中山腣	 新陶四齊 079繇巷中 匋(陶)里僕	 新陶四齊 309中
 齊陶 0896 中蒦圖(陽) 里𣪍(淳)于 向	 齊陶0892 中蒦圖(陽) 里匋(陶)漸	 齊陶0167 陳中山腣	 新陶四齊 156中蒦圖 (陽)里匋 (陶)漸	 新陶四齊 309中
 齊陶 0897 中蒦圖(陽) □舊	 齊陶0893 中蒦圖(陽) 王侉	 齊陶0169 陳中山立愆	 新陶四齊 170中里薛	 新陶四齊 310中

秦	晉	燕		
 齊拓.中臧	 新陶四韓100中正	 木葉.中	 集存1・21 繇巷中匋(陶)里僕	 齊陶0900 中隻圖(陽)里人佯
 新陶五秦046中□王氏十斗	 新陶四魏002中石丌異量牛	 集拓.燕98 中		 齊陶0902 中蒦圖(陽)里馬敍旨
 新陶五秦047中□王氏	 集存5・6 十亖中石丌異□□			 集存2・1 中蒦圖(陽)里漸
 新陶五秦050中十一	 洛陽3・11 中人			 集存1・20 繇巷中匋(陶)里敂

毒　　　　　　中

秦	晋	齊		
 秦拓.咸□毒午	 新陶四韓045中巢□己	 新陶四齊306中	 秦陶1668咸中□□	 秦陶249中
 戎陶079咸允毐午			 秦陶2649中	 秦陶294中
 戎陶080咸允毐午			 陶賞15.1咸中□止	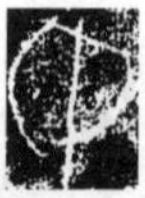 秦陶296中
 戎陶081咸允毐午				 秦陶1324中

蘇		莊	艸	
秦	秦	晉		齊
		𦶮		
 秦陶2527 蘇生	 秦陶92宫 莊	 新陶四平 035𦶮(莊)	 齊陶1271 艸	 新陶四齊 276艸
 秦陶2964 西奂蘇氏 十斗十斗	 新豐.戲且 霸陽人廣 莊耳		 齊陶1272 艸	 齊陶0664 楚郭巷關 里艸
 秦陶3351 蘇解爲			 集存2・21 楚郭巷□ 里汸艸	 齊陶0665 楚郭巷關 里艸
			 集存2・27 楚郭巷關 里艸	 齊陶0666 楚郭巷關 里艸

藍	莅			
秦	秦			
 秦陶1188 藍	 秦陶1217 莅陽癸	 秦陶1225 莅□癸	 秦陶1422 莅	 秦陶2987 莅
 秦陶1189 藍田	 秦陶1218 莅陽工癸	 秦陶1226 莅陽癸	 秦陶1425 莅	 秦陶2995 莅杜
 秦陶1241 藍田	 秦陶1220 莅陽工癸	 秦陶1227 莅陽癸	 秦陶2984 莅	 秦陶3005 莅
 秦陶1286 藍田	 秦陶1221 莅陽癸	 秦陶1421 莅	 秦陶2986 莅	 秦陶3022 莅

薛　　莚

齊	秦			
 新陶四齊170中里薛	 秦拓.咸釐期莚	 秦陶3049 莛	 秦陶3036 莛	 秦陶3023 莛
 齊陶1216中里薛	 戎陶 026 咸釐期莚	 秦拓.莛	 秦陶3037 莛	 秦陶3024 莛
 薛河·薛市人			 秦陶3038 莛	 秦陶3025 莛
			 秦陶3040 莛	 秦陶3035 莛

蒐 蓨 蒲

燕	晉		秦	秦
 燕齊098蒐	 新陶四平015右蓨	 秦陶2703咸蒲里奇	 秦陶933蒲反	 新陶五秦165薛賈
 集存4·56蒐	 新陶四平031蓨	 新陶五秦031咸蒲里奇	 秦陶1669咸蒲里奇	
 新陶四燕300蒐			 秦陶2691咸蒲里奇	
			 秦陶2697咸蒲里□	

	芮	芒	英	菼
	秦	秦	晉	齊
				炏
 秦拓.咸芮里喜	 秦陶1531 咸亭郿里芮器	 新陶五秦054芒洋	 新陶四韓052英孫	 齊陶1251 炏□圖(陽)□豆
 集存6・16 咸芮里喜	 秦陶2726 咸芮里臣	 新陶五秦054芒洋	 新陶四韓053英孫	
 戎陶037咸芮里免	 戎陶034 咸芮里免			
	 戎陶036 咸芮里臣			

蒼　　　　薈

	秦	齊	秦	燕
 秦陶1284 美□工蒼	 秦陶1175 美陽工蒼	 齊拓.陳蒼 立事	 秦陶 1579 咸鄜里薈	 新陶四燕 091左宮薈
 秦陶1361 美陽工蒼	 秦陶1176 美陽工蒼			 新陶四燕 092左宮薈
 秦陶1362 美陽□蒼	 秦陶1177 美工蒼			
 秦陶2622 蒼	 秦陶1283 美陽工蒼			

蘘	若		菑	萃
秦	秦		秦	燕
 秦陶 1991 左蘘	 秦陶 1711 咸商里若	 新陶五秦 167菑亭	 新陶五秦 161菑亭	 新陶四燕 294萃
 秦陶 1992 左蘘	 秦拓.咸商 里若	 新陶五秦 170菑亭	 新陶五秦 162菑亭	
 秦陶 1993 左蘘	 集存 6・10 咸商里若	 新陶五秦 171臨菑亭 久	 新陶五秦 163菑亭	
 秦陶 1997 左蘘			 新陶五秦 169菑亭	

蒠* 藏 春

燕	齊	秦		
	藏			
 自怡.蒠鍴	 集存 2·16 楚郭巷櫨里藏(藏)	 新陶五秦045春陽郭氏	 秦拓.左蘘	 秦陶 2029 蘘
 集存 4·49 左蒠鍴				 秦陶 2029 蘘
				 秦陶 2029 蘘
				 秦拓.左蘘

蔵*

				齊
 齊陶 0642 楚郭巷蔵里□	 齊陶 0631 楚郭巷蔵里賹	 齊陶 0602 楚郭巷蔵里𥘖	 齊陶 0597 楚郭巷蔵里婣	 齊陶 0415 王敀蔵里㝵(得)
 齊陶 1221 蔵里賞	 齊陶 0633 楚郭巷蔵里賹	 齊陶 0603 楚郭巷蔵里𥘖	 齊陶 0598 楚郭巷蔵里婣	 齊陶 0416 王敀蔵里㝵(得)
 新陶四齊 088楚郭巷蔵里□	 齊陶 0634 楚郭巷蔵里賹	 齊陶 0617 楚郭巷蔵里賞	 齊陶 0599 楚郭巷蔵里婣	 齊陶 0586 楚郭巷蔵里婣
 新陶四齊 092楚郭□蔵里□	 齊陶 0636 楚郭巷蔵里賹	 齊陶 0618 楚郭巷蔵里賞	 齊陶 0600 楚郭巷蔵里婣	 齊陶 0590 楚郭巷蔵里婣

蓁* 蘆*

	齊	齊		
 齊陶 0109 蓁陳导(得) 叁僕	 齊陶 0105 蓁陳导(得) 叁侄	 陶成 5.04. 39.1 蘆里聆	 集存 2·18 楚 郭 巷 蔽 里娟	 新陶四齊 096楚郭巷 蔽里□
 齊陶 0113 蓁陳导(得) 叁僕	 齊陶 0106 蓁陳导(得) 叁侄			 新陶四齊 098楚郭巷 蔽里蕢
 齊陶 0115 蓁陳导(得) 叁朔	 齊陶 0107 蓁陳导(得) 叁侄			 鑒陶 018 楚 郭巷蔽里舐
 齊陶 0116 蓁陳导(得) 叁朔	 齊陶 0108 蓁陳导(得) 叁侄			 鑒陶018楚 郭巷里蔽里 舐

⿱艹⿱之田*

齊				
 新齊 0824 □蒦圚(陽) 里□⿱艹⿱之田	 夕續 3 ⿱艹⿱之木陳 □	 齊陶 0145 ⿱艹⿱之木陳旲(得) □□	 齊陶 0128 ⿱艹⿱之木陳旲(得) 叁□	 齊陶 0117 ⿱艹⿱之木陳旲(得) 叁膅
 新齊 0891 中蒦圚(陽) 里人⿱艹⿱之田	 夕續 4 ⿱艹⿱之木陳 □	 齊陶 0146 ⿱艹⿱之木陳□□□	 齊陶 0130 ⿱艹⿱之木陳旲(得) 叁□	 齊陶 0118 ⿱艹⿱之木陳旲(得) 叁膅
 新陶四齊 098 楚巷蔵 里⿱艹⿱之田	 夕續 6 ⿱艹⿱之木□ □	 齊陶 0147 ⿱艹⿱之木陳□□□	 齊陶 0134 ⿱艹⿱之木□旲(得) □□	 齊陶 0124 ⿱艹⿱之木陳旲(得) 叁僕
 新陶四齊 155 蒦圚 (陽)南里⿱艹⿱之田	 夕續 7 ⿱艹⿱之木□ □	 新陶四齊 022 ⿱艹⿱之木□旲 (得)	 齊陶 0135 ⿱艹⿱之木陳旲(得) 叁□	 齊陶 0127 ⿱艹⿱之木□旲(得) □□

莝* 茖* 萺* 茉*

齊	秦	晋	晋	
 齊陶 0277 平易（陽）市莝 疑讀爲“府”	 新陶五秦 065茖疾	 新陶四魏 019匋(陶) 萺	 集存 5・48 匋（陶）茉	 集存 2・2 中蒦圖(陽) 里萺
	 秦拓. 咸少原茖			 陶成 5.05. 279.1 中蒦圖(陽)里人萺

			莫	菓*
			燕	齊
			 新陶四燕296莫	 陶成5.04.13.1楚郭巷蔵里菓

新出古陶文文字編卷二

小 秦	小	少 燕	少 秦
 新陶五秦055小閔	 秦陶1597咸鄏小有	 自怡.左宮少啟	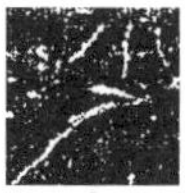 新陶五秦043立少庶子
 新陶五秦272小	 秦陶1599咸鄏小有		 秦陶1661咸少原豫
 齊陶1426小	 秦陶1600咸鄏小有		 秦陶1662咸少原豫
 齊陶1427小	 秦陶2720咸鄏小有		 戎陶060咸少原豫

八

晋			燕	
 新陶四晋 097八	 集存4·4 十八年四月 右缶(陶)君 (尹)	 新陶四燕 031 十七年 八月右缶 (陶)君(尹)	 新陶四燕 007廿一年 八月右缶 (陶)君(尹)	 秦陶 3316 咸少原𠟗
 新陶四晋 097八		 新陶四燕 084八吉 (觳)	 新陶四燕 025十六年 八月右缶 (陶)君(尹)	 秦拓.咸少 原
 新陶四晋 098八		 新陶四燕 247八	 新陶四燕 026十八年 三月右缶 (陶)君(尹)	 集存 6·19 咸少原豫
 新陶四晋 102八		 自怡.十六 年八月	 新陶四燕 027 十八年 八月□□	 戎陶053咸 少原角

秦

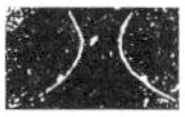
新陶五秦259八

新陶五秦268八

新陶五秦464八

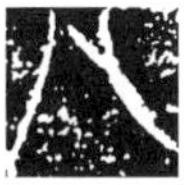
秦陶196產八

秦陶254封八

秦陶424八

秦陶425八

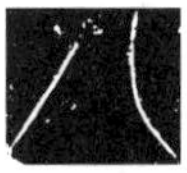
秦陶426八

秦陶427八

秦陶428八

秦陶429八

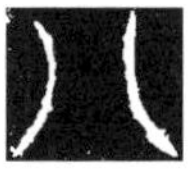
秦陶430八

秦陶431八

秦陶491十八

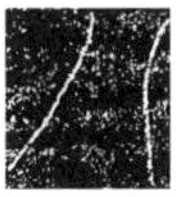
秦陶524五八

秦陶530弋六八

秦陶536八十

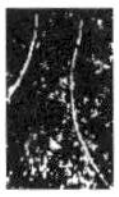
秦陶541十十八

秦陶 2342八

尚　　分

	秦		齊	齊
 秦陶686右尚	 秦陶195尚	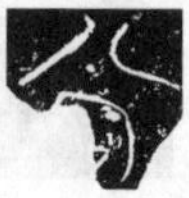 樂陶.陳枳尚	 齊陶 0349 右敀□巷尚畢里季賠	 新陶四齊171蔓圔(陽)魚里分步
 秦陶687右尚	 秦陶682右尚		 齊陶 0386 左敀□巷尚畢里季賠	 集存 2・13 昜(陽)里人分前
	 秦陶683右尚		 齊陶 0387 左敀□巷尚畢里季賠	
	 秦陶685右尚		 齊陶 1156 豆里尚	

公　　　　豕

	齊	商		秦
 齊陶 0367 公豆	 齊陶 0364 公釜	 新陶二 036 □公万辜(敦)闢乍(作)父辛尊彝	 秦陶 2605 左豕	 秦陶 1891 左豕
 齊陶 0368 公豆	 齊陶 0364 公釜			 秦陶 2364 左豕
 齊陶 0369 公豆	 齊陶 0365 公釜			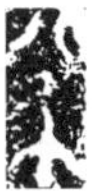 秦陶 2410 左豕
 齊陶 0370 公豆	 齊陶 0366 公釜			 秦陶 2411 左豕

 新陶四齊 344□公	 新陶四齊 014公豆	 齊陶 1265 公	 齊陶 0906 東蒦圚(陽) 里公孫緐	 齊陶 0371 公豆
 夕續441.1 公	 新陶四齊 015公豆	 齊陶 1266 公	 齊陶 0958 東酷里公孫 夜	 齊陶 0372 公豆
 夕續441.2 公	 新陶四齊 016公豆	 新陶四齊 012公豆	 齊陶 0963 東酷里公孫 夜	 齊陶 0776 蒦圚(陽)南 里公孫慳
 夕續442公 釜	 新陶四齊 017公釜	 新陶四齊 013公豆	 齊陶 1264 公	 齊陶 0905 東蒦圚(陽) 里公孫緐

晉	燕			
 新陶四韓002公	 新陶四燕252公	 集存3·41公豆	 燕齊134公豆	 夕續405歲之公釜
 新陶四韓002公	 陶選0049之公女		 燕齊140公豆	 夕續440公
 新陶四韓003公	 木葉.公		 燕齊143公豆	 燕齊113公釜
 新陶四韓081公	 木葉.公		 薛河.公	 燕齊116公釜

	秦			
 秦陶 1372 公	 新陶五秦 068 公孫申	 新陶四魏 029 匋(陶) 公	 新陶四韓 009 公□余 爲	 新陶四韓 005 公
 秦陶 1442 氏居貲公士 富	 新陶五秦 193 公斗	 洛陽 3・14 公	 新陶四趙 041 公	 新陶四韓 006 公
 秦陶 1444 平陰居貲北 游公士滕	 新陶五秦 194 公斗	 洛陽3・4 公	 新陶四平 034 公	 新陶四韓 008 公
 秦陶 1768 公	 秦陶 1100 公□		 集存 5・15 公	 新陶四韓 009 公□余 爲

余　必

晉	燕	齊	秦	
 新陶四韓 009□余爲	 集拓.燕7 左宫余悳	 集存3·55 余匋王□	 新陶五秦 242必	 秦陶1850 咸白里公
 新陶四韓 046彭余		 陶成5.22. 063.1余		

牛　　　　　　半

燕	齊		晉	秦
		剈	㪷	
 新陶四燕118 缶(陶)攻(工)牛	 集存 2・3 中蔓圙(陽)里區人牛	 新陶四趙006 剈(半)匽塙鉚(御)史肖宫(?)立敍(校)	 新陶四韓012 㪷	 秦陶 1440 博昌居此(貲)□里不更余
 新陶四燕119 缶(陶)攻(工)牛			 新陶四韓015 㪷	
 新陶四燕120 缶(陶)攻(工)牛			 集存 5・11 市㪷	
 新陶四燕121 缶(陶)攻(工)牛			 集存 5・11 市㪷 即"料",見《説文・斗部》	

犨

晋		晋		
 新陶四趙 014 事犨	 集存 5・3 中石丌異量 牛	 新陶四魏 003□量牛	 燕齊 032 缶 (陶)攻(工) 牛	 新陶四燕 174 缶(陶) 攻(工)牛
		 集存 5・1 十滸(敦)中 石丌異量牛		 新陶四燕 175 缶(陶) 攻(工)牛
		 集存 5・2 十滸(敦)中 石丌異量牛		 新陶四燕 176 缶(陶) 攻(工)牛
		 新陶四魏 002 中石丌 異量牛		 新陶四燕 177 缶(陶) 攻(工)牛

牽	牴	犺		
齊	秦	秦		
 齊陶 0023 陳怛牽	 秦陶 2474 牴	 秦陶 1621 咸完里犺	 秦陶 1627 咸郱里犺	 秦陶 1656 咸郱里犺
 齊陶 0024 □怛牽		 秦陶 1623 咸完里犺	 秦陶 1631 咸郱里犺	 秦陶 1657 咸郱里犺
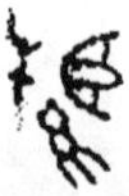 齊陶 0087 奠昜(陽)陳旻(得)叁牽		 秦陶 1624 □完里犺	 秦陶 1656 咸完里犺	 秦陶 1658 咸完里犺
 齊陶 0026 □怛牽		 秦陶 1625 咸郱里犺	 秦陶 1655 咸郱里犺	 新陶五秦 032 咸完里犺

犛	牤*		犵*	
秦	秦		齊	
 秦陶 3313 犛亭	 戎陶 046 咸沙里牤	 新陶四齊 109 關里馬犵	 齊陶 0695 關里馬犵	 秦拓. 咸郱里犺
 秦陶 3315 犛亭	 戎陶 046 咸沙里牤	 集存 2・29 關里馬犵	 齊陶 0703 關里馬犵	 戎陶 010 咸郱里犺
			 齊陶 0708 關里馬犵	
			 齊陶 0709 關里馬犵	

名		嗌		口
燕	齊	燕	齊	齊
 木葉.名	 齊陶 0214 陳名	 新陶四燕 271 嗌	 陶成 5.22. 069.1 嗌	 新陶四齊 310 中口
		 木葉.嗌		 新陶四齊 310 中口
		 自怡.嗌		

	唯	命		君
	齊	秦	楚	燕
 齊陶 0522 城圖(陽)唯  齊陶 0523 城圖(陽)唯	 新陶四齊 178 城圖 (陽)唯  新陶四齊 183 城圖 (陽)唯  齊陶 0518 城圖(陽)唯  齊陶 0519 城圖(陽)唯	 秦陶 2977 大良造庶長 游出命曰	 新陶四楚 001 君堵	 新陶四燕 246 君(尹) 君

咸　　　台　　　和

	秦	齊	晉	燕
		訇		
 秦陶 127 咸敬	 秦陶 123 咸陽笴	 集存 3·59 訇所爲缶(陶)□	 新陶四韓 099 和	 新陶四燕 205 左缶(陶)攻(工)和
 秦陶 128 咸野	 秦陶 115 咸陽賜			
 秦陶 133 咸陽敬	 秦陶 120 咸陽慶			
 秦陶 124 咸陽秙	 秦陶 118 咸陽野			

 秦陶 1803 咸亭沙壽□器	 秦陶 1562 咸鄘里臺	 秦陶 190 咸陽	 秦陶 146 咸嘅	 秦陶 136 咸敬
 秦陶 1544 咸鄘里致	 秦陶 1564 咸鄘里臺	 秦陶 191 咸陽	 秦陶 158 咸□	 秦陶 138 咸慶
 秦陶 1805 咸亭沙里猣器	 戎陶 036 咸芮里臣	 秦陶 192 咸	 秦陶 185 咸處	 秦陶 145 咸陽嘅
 秦陶 1812 咸鄘里趌	 秦陶 198 咸	 秦陶 193 咸	 秦陶 189 咸陽	 秦陶 135 咸敬

 秦陶 1625 咸郱里犺	 秦陶 2117 咸成陽申	 戎陶 019 咸 郱里奢	 陶賞 8・2 咸生賁高	 秦陶 1821 咸安處捍
 秦陶 1627 咸郱里犺	 秦陶 1605 咸鄏里玢	 秦陶 2107 咸里	 秦陶 1845 咸廣里高	 秦陶 1834 咸郱里夫
 秦陶 1628 咸完里犺	 秦陶 1618 咸鄏里舉	 秦陶 2108 咸郱里眛	 秦陶 1931 咸邑如頃	 秦陶 1838 咸誾里畡
 秦陶 1629 咸郱里犺	 秦陶 1622 咸完里犺	 秦陶 2109 咸重成穨	 秦陶 1932 咸邑如頃	 秦陶 1839 咸高里昌

 秦陶 2707 咸沃里辰	 秦陶 2688 咸廣里高	 秦陶 2671 咸巨陽坴	 秦陶 2664 咸郚里欣	 秦陶 1631 咸郚里犺
 秦陶 1637 咸完里奢	 秦陶 2691 咸蒲里奇	 秦陶 2674 咸巨陽坴	 戎陶 016 咸 郚里昧	 秦陶 1632 咸郚里犺
 秦陶 1640 咸完里賁	 秦陶 2697 咸蒲里奇	 秦陶 2677 咸巨陽坴	 秦陶 2667 咸巨陽坴	 秦陶 1633 咸完里奢
 秦陶 2725 咸鬮里林	 秦陶 2705 咸沃里辰	 秦陶 2682 咸巨陽坴	 秦陶 2669 咸巨陽坴	 秦陶 1635 咸沙里突

 鑒陶 055 咸亭商里羅器	 新陶五秦 032 咸完里□	 秦陶 2658 咸完里杬	 秦陶 2522 咸卜里戎	 秦陶 2618 咸酃里竭
 鑒陶 056 咸芮里喜	 秦拓. 咸陽	 新陶五秦 008 咸陸里宋	 秦陶 3031 咸亭完里丹器	 秦陶 2735 咸隧里陽
 鑒陶 054 咸郱里真	 秦拓. 咸淵里章	 新陶五秦 025 咸酃里宣	 戎陶 006 咸酃里小買	 秦陶 2740 咸郱里□
 集存 6・2 咸亭右里倉器	 秦拓. 咸穑姑瘳	 新陶五秦 030 咸如邑戊	 秦陶 1693 咸蒲里奇	 秦陶 2514 咸巨陽鬲

右

	燕		齊	商
 新陶四燕006 右缶(陶)君(尹)	 新陶四燕001 右缶(陶)君(尹)鑵疋器鍴(瑞)	 新陶四齊050 王孫陳懇叁右□亭釜	 齊陶 0349 右 敀 □ 巷尚 畢里季賠	 新陶二 004 右
 新陶四燕007 右缶(陶)君(尹)	 新陶四燕004 右缶(陶)攻(工)湯	 集存 1・3 王□□棱右坸亭釜	 齊陶 0383 左酷(造)右㡿(庫)	
 新陶四燕010 右缶(陶)君(尹)	 新陶四燕005 右缶(陶)攻(工)湯		 齊陶 0384 左酷(造)右㡿(庫)	
 新陶四燕010 右缶(陶)攻(工)刑徒戒	 新陶四燕005 廿一年十二月右缶(陶)君(尹)		 齊陶 0387 右敀□巷尚 畢里季賠	

晋				
 新陶四韓 016 右倉	 新陶四燕 097 右宫居 願	 新陶四燕 026 右缶 (陶)攻(工)	 新陶四燕 024 右缶 (陶)攻(工) □	 新陶四燕 012 右缶 (陶)肴(尹)
 新陶四平 001 右秀 (勝)	 新陶四燕 098 右宫居 願	 新陶四燕 028 右缶 (陶)肴(尹)	 新陶四燕 025 右缶 (陶)肴(尹)	 新陶四燕 012 右缶 (陶)攻(工) □
 新陶四平 011 右㝵 (得)	 新陶四燕 102 右宫乙	 新陶四燕 032 右缶 (陶)肴(尹)	 新陶四燕 025 右缶 (陶)攻(工) □	 新陶四燕 019 右缶 (陶)肴(尹)
 新陶四平 014 右□		 新陶四燕 038 右缶 (陶)攻(工) 徒	 新陶四燕 026 右缶 (陶)肴(尹)	 新陶四燕 023 右缶 (陶)攻(工) 戠(賀)

			秦	
 秦陶 941 右司空尚	 秦陶 680 右煖	 秦陶 661 右司空係	 秦陶 2977 右庶長	 新陶四平 015 右蓨
 秦陶 949 右煖	 秦陶 681 右弱	 秦陶 668 右司空眛	 秦陶 104 右衣	 新陶四平 019 右□
 秦陶 955 右司	 秦陶 687 右尚	 秦陶 670 右司空眛	 秦陶 283 右衣	 新陶四平 022 右□
 秦陶 2821 右段	 秦陶 711 右水	 秦陶 674 右竈	 秦陶 2369 右迂	

吉

<table>
<tr><td>齊</td><td></td><td></td><td></td><td></td></tr>
<tr><td></td><td></td><td></td><td></td><td></td></tr>
<tr><td>
夕續 73 吉立</td><td>
新陶五秦058 四右六</td><td>
秦陶 2553 宫右</td><td>
秦陶 2085 右反</td><td>
秦陶 1975 右校</td></tr>
<tr><td>
夕續 74.2 吉立事</td><td>
秦拓. 士右</td><td>
秦陶 2560 右角</td><td>
秦陶 2087 右反</td><td>
秦陶 2066 右童</td></tr>
<tr><td>
夕續 75 吉再立事</td><td>
秦拓. 右胡</td><td>
秦陶 2565 右校</td><td>
秦陶 2810 右宫</td><td>
秦陶 2371 右迂</td></tr>
<tr><td>
夕續 76 吉再</td><td>
集存 6・2 咸亭右里倉器</td><td>
秦陶 2609 右</td><td>
秦陶 2820 右段</td><td>
秦陶 2083 右迂</td></tr>
</table>

周

秦	齊	秦	晉	燕
 秦陶 2977 周天子	 陶成 5.22. 072.1 周	 新豐.吉	 洛陽 3・3 吉三卅二	 新陶四燕 276 吉
 秦陶 1906 左周			 洛陽4・118 吉	 木葉.右宮 吉
 秦陶 1907 周				
 秦陶 2144 周				

吝　　嘅　　唇

秦	秦	齊		
 秦陶 2648 吝	 秦陶 145 咸陽嘅	 陶成 5.05.170.1 蒦圚(陽)匋(陶)里唇	 秦陶 2571 周	 秦陶 2442 周
	 秦陶 146 咸嘅			 秦陶 2576 周
	 秦陶 152 工嘅			 秦陶 2448 周
				 秦陶 2570 周

喚　吕*　訔*

喚	吕*	訔*		
燕	齊	燕		
 新陶四燕051 廿五年喚□	 齊陶0288 吕	 新陶四燕060 二訔(瞉)反(半)	 新陶四燕067 二訔(瞉)	 新陶四燕073 二訔(瞉)反(半)
 新陶四燕044 亩(廩)城都喚王勹鍴(瑞)		 新陶四燕063 二訔(瞉)	 新陶四燕070 二訔(瞉)反(半)	 新陶四燕074 二訔(瞉)反(半)
		 新陶四燕065 四訔(瞉)五反(半)	 燕齊075 三訔(瞉)反(半)	 新陶四燕075 二訔(瞉)
		 新陶四燕066 二訔(瞉)七鵪(掬)	 新陶四燕072□訔(瞉)	 新陶四燕076 二訔(瞉)七反(半)

 集拓.五㐭(廩)	 自怡.三㐭(廩)	 自怡.四㐭(廩)	 燕齊 072 㐭(廩)	 新陶四燕 077 二㐭(廩)反(半)
 燕齊 075 二㐭(廩)反(半)	 自怡.九㐭(廩)	 自怡.二㐭(廩)	 新陶四燕 083 四㐭(廩)	 新陶四燕 078 七㐭(廩)
 集存 4・24 二㐭(廩)七鶬(掬)	 燕齊 074 四㐭(廩)	 自怡.二㐭(廩)	 新陶四燕 084 八㐭(廩)	 新 陶 四 燕 L079 二㐭(廩)反(半)
	 燕齊 071 二㐭(廩)	 自怡.十㐭(廩)	 新陶四燕 085 㐭(廩)反(半)	 燕齊 066 二㐭(廩)

趣		走	毆	山
	齊	晉	齊	燕
	遫			
 齊陶 1025 塙(高)閭豆里人匋(陶)者曰遫	 齊陶 0691 關里人曰遫	 新陶四趙 024 長走	 齊陶 1036 □里□□毆	 燕齊 059 缶(陶)攻(工)山
 齊陶 1124 豆里遫	 齊陶 0852 蒦圆(陽)匋(陶)里人遫			
 齊陶 1125 豆里遫	 齊陶 0944 大匋(陶)里遫			
 齊陶 1126 豆里遫	 齊陶 1024 □閭豆□人匋(陶)□曰遫			

趙　越

秦	秦	燕		
 秦拓.咸如邑趙	 秦陶 154 越	 新陶四燕 111 缶(陶)攻(工)趣	 新陶四齊 121 塙(高)�(閭)里趣	 齊陶 1127 豆里趣
 戎陶 031 咸如邑趙	 秦陶 155 越	 新陶四燕 112 缶(陶)攻(工)趣	 燕齊 170 塙(高)閲(閭)里趣	 齊陶 1128 豆里趣
	 秦陶 157 越	 集存 4・38 缶(陶)工趣	 燕齊 410 豆里趣	 齊陶 1129 豆里趣
				 齊陶 1133 豆里趣

歬	歫	止	赳	趍
齊	秦	燕	秦	晉
		㞢		
 集存 2・13 昜(陽)里人分歬	 陶賞 9.2 咸亭沙里歫器	 燕齊 106 㞢(止) “止”“之”雙聲符。	 秦陶 1812 咸鄘里赳  秦陶 1576 咸鄘里赳  秦陶 1578 咸鄘里赳	 新陶四趙 028 小市立趍

癸	登	屖*	⿱翏正*	崎*
齊	秦	燕	燕	秦
			罡	
 陶成 5.03.30.1 丘齊平里郭癸	 新陶五秦 340 登  新陶五秦 341 登  新陶五秦 422 登  秦陶 1934 左登	 燕拓 47 咎屖(遲)  燕拓 21 右宮屖(遲) “遲”字重見。	 新陶四燕 290 罡(⿱翏正)	 陶賞 15.1 咸中□崎

			歲	步
			齊	齊
 夕續 240 立事歲	 齊陶 0318 事歲	 夕續 371.1 立事歲之釜	 齊陶 0319 事歲	 新陶四齊 171 蒦圆（陽）魚里分步
 夕續 241.1 立事歲	 夕續 241.2 立事歲	 新陶四齊 052 立事歲釜	 齊陶 0320 事歲	
 夕續 249 立歲	 夕續 374 事歲之釜	 新陶四齊 054 事歲	 遺珍 156 事歲	
 夕續 247 立事歲之	 夕續 239.2 立事歲	 新陶四齊 056 事歲之釜	 遺珍 157 事歲之釜	

 夕續 295.2 事歲	 夕續 294.1 事歲	 夕續 377.2 事歲之釜	 夕續 245.1 立事歲	 夕續 248 立歲
 夕續 300.2 事歲	 夕續 296.1 事歲	 夕續 292.2 事歲	 夕續 246 立事歲	 夕續 378 事歲之釜
 夕續 301.1 事歲	 夕續 294.2 事歲	 夕續 293.1 事歲	 夕續 376 事歲之釜	 夕續 379 事歲之釜
 夕續 315.1 事歲之	 夕續 295.1 事歲	 夕續 293.2 事歲	 夕續 377.1 事歲之釜	 夕續 380 事歲之釜

 夕續 302.2 事歲	 夕續 339.1 歲	 夕續 337.1 歲	 夕續 316.2 事歲之	 夕續 315.2 事歲之
 夕續 303.1 事歲	 夕續 339.2 歲	 夕續 296.2 事歲	 夕續 317 事歲之	 夕續 315.3 事歲之
 夕續 308 事歲之	 夕續 301.2 事歲	 夕續 300.1 事歲	 夕續 318.1 事歲之	 夕續 316.1 事歲之
 夕續 306 事歲之	 夕續 302.1 事歲	 夕續 338.2 歲	 夕續 319.1 歲	 夕續 337.2 歲

 夕續 320.2 歲	 夕續 391.1 歲之釜	 夕續 372.1 事歲釜	 夕續 311.1 事歲之	 夕續 307.2 事歲之
 夕續 321.1 歲	 夕續 312.2 事歲之	 夕續 381 事歲之釜	 夕續 313.1 事歲之	 夕續 312.1 事歲之
 新陶四齊 055 事歲	 夕續 289.2 事歲	 夕續 382.1 事歲之釜	 夕續 313.2 事歲之	 夕續 311.2 事歲之
 夕續 392.2 歲之釜	 夕續 299.2 事歲	 夕續 382.2 事歲之釜	 夕續 314.1 事歲之	 夕續 310 事歲之

 夕續 280.2 事歲	 夕續 239.1 立事歲	 夕續 385 歲之釜	 夕續 383.1 歲釜	 夕續 393.2 歲之釜
 夕續 511□立歲之	 夕續 238 立事歲	 夕續 386 歲之釜	 夕續 354.1 歲之	 夕續 394 歲之釜
 夕續 286 事歲	 夕續 276 事歲	 夕續 387.1 歲之釜	 夕續 348.2 歲之	 夕續 353.1 歲之
 夕續 287 事歲	 夕續 277.2 事歲	 夕續 322 歲	 夕續 384 歲之釜	 夕續 403.2 歲之釜

 夕續 347.1 歲之	 夕續 345.1 歲之	 夕續 338.1 歲	 夕續 321.2 歲	 夕續 288 事歲
 夕續 349.1 歲之	 夕續 340.1 歲	 夕續 329.1 歲	 夕續 324 歲	 夕續 291.2 事歲
 夕續 349.2 歲之	 夕續 340.2 歲	 夕續 329.2 歲	 夕續 326 歲	 夕續 319.2 歲
 夕續 341 歲之	 夕續 347.1 歲之	 夕續 333.1 歲	 夕續 328.2 歲	 夕續 280.1 事歲

正　　　此

晉	燕	秦		
 新陶四韓100中正	 新陶四燕012□年正月右缶(陶)君(尹)	 秦陶2042此生	 齊陶0321歲之	 夕續342歲之
		 秦陶2043此生	 夕續383.2歲釜	 夕續351.2歲之
		 秦陶2044此生		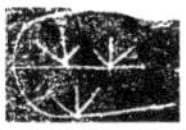 夕續351.1歲之
		 秦陶2478此生		 夕續352.2歲之

造　　　　　　徒

齊	秦	燕		秦
 齊陶 0840 蒦圆(陽)匋(陶)里人造	 秦陶 2242 徒	 新陶四燕 010 右缶(陶)攻(工)刑徒戒	 秦陶 2325 正	 秦陶 1858 斗正
 齊陶 0841 蒦圆(陽)匋(陶)里人造		 新陶四燕 038 右缶(陶)攻(工)徒		 秦陶 2309 正
 齊陶 0842 蒦圆(陽)匋(陶)里人造		 自怡. 右缶(陶)攻(工)徒		 秦陶 2311 正
 鑒陶 053 蒦圆(陽)匋(陶)里人造		 集存 4・5 右缶(陶)攻(工)徒		 秦陶 2316 正

适　　遬

燕	齊		秦	
 燕齊 081 适	 齊陶 0928 繇巷大匋(陶)里适  燕齊 359 繇巷大匋(陶)里适	 秦陶 242 小遬	 秦陶 241 小遬  秦陶 243 大遬  秦拓.咸重成遬  秦陶 1659 咸重成遬	 鑒陶 048 蒦圆(陽)匋(陶)里人造

徙　　通　　遇

齊	齊	秦		齊
踩				
 陶成 5.05.253.1 大蔓圙(陽)里匋(陶)踩(徙)	 齊陶 0584 丘齊炶□□通	 秦陶 2734 咸反里遇	 夕續 61.2 陳遇	 遺珍 149 陳遇立事
			 夕續 63.2 陳遇立	 夕續 57 陳遇立事
			 夕續 65.1 陳遇立事	 夕續 58.1 陳遇立
			 夕續 66 陳遇立事	 夕續 61.1 陳遇

連		達	遲	還
齊	燕	齊	燕	秦
			屖	
 集存 2・37 孟常匋(陶)里連	 自怡. 達	 齊陶 0829 蒦圆(陽)匋(陶)里人達	 燕拓 47 咎屖(遲)	 戎陶 095 還
	 木葉. 右宫達	 集存 1・53 蒦圆(陽)匋(陶)里人達	 燕拓 21 右宫屖(遲) “止”部重見。	

道	迁	近	逐	逋
晉	秦	齊	秦	秦
衎				
 新陶四平 040 道	 秦陶 1972 右迁	 齊陶 1212 圝(陽)里人 匋(陶)者近	 秦陶 1435 贛榆距東武 逐	 秦陶 2711 咸鄘里逋
	 秦陶 2083 右迁			
	 秦陶 2372 右迁			

逘*	迊*	遅*		
燕	齊	齊		秦
 集存 4・27 右缶(陶)逘	 集存 3・57 迊豆	 齊拓. 丘齊 平里穴遅	 秦陶 1194 西道	 秦陶 1191 西道
		 齊拓. 丘齊 平里穴遅	 秦陶 1198 西道	 秦陶 1192 西道
		 集存 3・25 丘齊平里穴 遅	 秦陶 1315 西道	 秦陶 1193 西道
			 秦陶 1601 咸□里道	 秦陶 2637 咸亭右里道 器

德	還*	遽*	追*	逨*
秦	齊	秦	齊	齊
 秦陶 1443 楊氏居貲武 德公士契必	 齊陶 0855 蒦圜(陽)匋 (陶)里人還	 秦陶 1234 杜遽	 齊拓.楚郭 巷櫨里追	 夕續 80.2 陳逨淺立
 新豐.德	 集存 1・45 蒦圜(陽)匋 (陶)里人還			 夕續 82.3 逨淺立事 又見卷五 “來”。
 新豐.德				
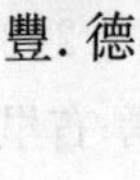 新豐.德				

得　　徐

			齊	秦
			㝵	
 齊陶 0092 奠□陳㝵(得)□膌	 齊陶 0087 奠昜(陽)陳㝵(得)叁麇	 齊陶 0081 誾閒陳㝵(得)立纆	 齊陶 0072 平险(陉)陳㝵(得)	 秦陶 1304 杜徐
 齊陶 0093 奠昜(陽)陳㝵(得)叁朔	 齊陶 0088 奠昜(陽)陳㝵(得)叁□	 齊陶 0082 誾閒陳㝵(得)立膌	 齊陶 0073 平险(陉)陳㝵(得)	
 齊陶 0095 奠昜(陽)陳㝵(得)叁	 齊陶 0089 奠昜(陽)陳㝵(得)叁亭	 齊陶 0084 誾□□㝵(得)□□	 齊陶 0076 □□陳㝵(得)	
 燕齊 159 狳子里㝵(得)	 齊陶 0090 奠昜(陽)□㝵(得)□□	 齊陶 0085 誾閒陳㝵(得)立僕	 齊陶 0079 平险(陉)陳㝵(得)	

 齊陶 0096 奠昜(陽)陳 导(得)叁□	 齊陶 1050 豆里导(得)	 齊陶 0330 𤸫者陳导 (得)再左 里敀亭豆	 齊陶 0309 □导(得)	 齊陶 0127 蒦□导(得) □□
 齊陶 0097 □□导(得) 叁膇	 齊陶 1046 豆里导(得)	 齊陶 0415 王敀蔵里导 (得)	 齊陶 0144 □□导(得) □□	 齊陶 0129 蒦陳导(得) 叁□
 齊陶 0109 蒦陳导(得) 叁僕	 齊陶 0819 蒦圆(陽)匋 (陶)里人导 (得)	 齊陶 0416 王敀蔵里导 (得)	 遺珍 158 陳 导(得)再	 齊陶 0130 蒦陳导(得) 叁□
 齊陶 0110 蒦□导(得) 叁僕	 齊陶 1038 豆里导(得)	 齊陶 0764 北里导(得)	 齊陶 0329 陳导(得)	 齊陶 0818 蒦圆(陽)匋 (陶)里人导 (得)

 齊陶 1312 㝵(得)	 齊陶 1203 袁(䄫)子里 㝵(得)	 齊陶 1054 豆里㝵(得)	 齊陶 0120 □陳㝵(得) 叁膔	 齊陶 0112 槀陳㝵(得) 叁僕
 齊陶 1313 㝵(得)	 齊陶 1308 㝵(得)	 齊陶 1197 袁(䄫)子里 㝵(得)	 齊陶 0123 □陳㝵(得) 叁膔	 齊陶 0116 槀陳㝵(得) 叁朔
 齊陶 1318 㝵(得)	 齊陶 1311 㝵(得)	 齊陶 1198 袁(䄫)子里 㝵(得)	 齊陶 0124 槀陳㝵(得) 叁僕	 齊陶 0117 槀陳㝵(得) 叁
 齊陶 1319 㝵(得)	 齊陶 1053 豆里㝵(得)	 齊陶 1199 袁(䄫)子里 㝵(得)	 齊陶 0125 槀□㝵(得) 叁□	 齊陶 0119 □□㝵(得) 叁膔

	燕			
	㝵			
 新陶四燕161缶(陶)攻(工)得	 鑒陶016缶(陶)攻(工)得	 新陶四齊223豆里㝵(得)	 夕續37.2陳㝵(得)	 齊陶1052豆里㝵(得)
 新陶四燕288得	 燕齊107得	 新陶四齊278㝵(得)	 夕續33.2陳㝵(得)立	 夕續31.2陳㝵(得)
 新陶四燕220缶(陶)工得	 新陶四燕158缶(陶)攻(工)得		 夕續34.1陳㝵(得)立事	 齊陶1320㝵(得)
	 新陶四燕160缶(陶)攻(工)得		 新陶四齊216豆里㝵(得)	 夕續29陳㝵(得)

			秦	晋
				㝵
 秦陶 2077 右得	 秦陶 1433 贑揄得	 秦陶 38 宮得	 秦陶 50 得	 新陶四平 011 右㝵(得)
 秦陶 2081 得	 秦陶 1687 咸市陽得	 秦陶 52 得	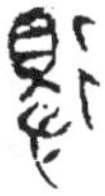 秦陶 44 得	 新陶四平 012 㝵(得)
 秦拓.大匠得	 秦陶 1688 咸市陽得	 秦陶 60 得	 秦陶 45 得	 新陶四平 026□㝵(得)
	 秦陶 2076 得	 秦陶 1078 宮得	 秦陶 57 得	 新陶四平 027 宋㝵(得)

徸*　　　　　　　　　　　　御

	秦	秦	晋	燕
			卸	
 秦陶 2415 徸	 秦陶 2136 徸	 秦陶 2977 卑司御不更顝封之	 新陶四趙 006 削(半)匿墉卸(御)史肖宫(?)立鮁(校)	 燕齊 040 缶(陶)攻(工)御
 秦陶 2416 徸	 秦陶 2137 徸	 秦陶 2977 司御心志		 木葉.缶(陶)攻(工)御
 秦陶 2417 徸	 秦陶 2139 徸			 木葉.缶(陶)攻(工)御
 秦陶 2418 徸	 秦陶 2141 徸			 木葉.缶(陶)攻(工)御

行	延		建	𢓭*
齊	秦	秦	燕	秦
 新陶四齊 281 行	 秦陶 2046 延	 秦陶 1233 杜建	 樂陶.左市攻建	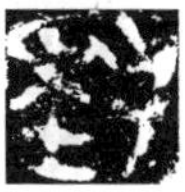 秦陶 2531 𢓭
 齊陶 1298 行		 新陶五秦 475 建陽		
 齊陶 1299 行		 秦拓.咸郿里建		
 齊陶 1301 行				

衛　衖

秦	秦	秦	燕	
 秦陶 904 衛	 秦陶 1813 □閭[里]衛	 秦陶 125 咸行	 新陶四燕 050 行	 齊陶 1302 行
 秦陶 905 衛		 秦陶 126 咸行		 齊陶 1303 行
 秦陶 906 衛		 秦陶 132 行		 齊陶 1304 行
 秦拓.咸閭里衛				

足　　牙　　⿰齒善*　　⿰齒卒*

齊	秦	秦	秦	
 新陶四齊 330□足	 秦陶 1446 闌陵居貲便 里不更牙	 秦陶 1814 咸鄏里⿰齒善	 秦拓.咸少 原⿰齒卒	 新陶五秦 220 衛  新陶五秦 291 衛  新陶五秦 292 衛

		龠		疋
		燕		燕
		 集拓.燕54 缶(陶)攻 (工)龠	 集存4·14 右缶(陶)君 (尹)鐪疋器 鍴(瑞)	 新陶四燕 023 廿七年 右缶(陶)君 (尹)疋器鍴 (瑞)  新陶四燕 030 右缶 (陶)君(尹) 鐪疋器鍴 (瑞)  新陶四燕 001 右缶 (陶)君(尹) 鐪疋器鍴 (瑞)  新陶四燕 021□缶 (陶)君(尹) 鐪疋器鍴 (瑞)

新出古陶文文字編卷三

器

秦	晋	燕	齊
 秦陶 1377 咸亭當柳昌器  秦陶 1528 咸亭完里丹器  秦陶 1529 咸亭里祿器  秦陶 1530 咸亭郿里綦器	 洛陽 3・12 祭器	 新陶四燕 021□缶(陶)肴(尹)鑵疋器鍴(瑞)  新陶四燕 023 廿七年右缶(陶)肴(尹)疋器鍴(瑞)	  齊陶 1257 陳迲(去)疾器

 鑒陶 055 咸亭商里羅器	 秦陶 2833 咸亭完里丹器	 秦陶 1799 咸亭東里倕器	 秦陶 1807 咸亭完里丹器	 秦陶 1533 咸亭陽安騂器
 秦拓. 咸亭鄘里婺器	 秦陶 3031 咸亭完里丹器	 秦陶 1800 咸亭涇里忿器	 秦陶 1810 咸亭直里廣器	 秦陶 1534 咸亭完里丹器
 集存 6・5 咸亭東貞娷器	 戎陶 062 咸亭沙里□器	 秦陶 1801 咸亭涇里僨器	 秦陶 2619 咸亭當柳恚器	 秦陶 1681 咸亭完里丹器
 集存 6・2 咸亭右里倉器	 陶賞 9.2 咸亭沙里歫器	 秦陶 1802 咸亭陽安吉器	 秦陶 1805 咸亭沙里榮器	 秦陶 1806 咸亭東里倕器

商　舌

		秦	燕	
 秦拓.咸商里若	 秦陶 2626 咸商里宣	 秦陶 1293 商昌	 木葉.缶(陶)攻(工)舌	 集存6·1咸亭商里羅器
 集存6·1咸亭商里羅器	 秦陶 3302 商	 秦陶 1709 咸商里宣		
 集存 6·10 咸商里若	 秦拓.咸商里若	 秦陶 1711 咸商里若		
	 秦拓.咸商里	 秦陶 2625 咸商里宣		

古	丩	笱		句
齊	齊		秦	齊
		[illegible]		
 天印 112 古	 齊陶 0210 陳 丩 立事丁	 新陶五秦 227 笱	 新陶五秦 348 笱	 集存 3・36 王句市
	 陶成 5.05.099.1 繇巷大匋（陶）里丩	 新陶五秦 239 笱	 新陶四秦 349 笱	 集存 3・37 王句□
			 新陶五秦 350 笱	 陶成 5.03.68.1 焔里句貽

十

		燕	齊	秦
 新陶四燕 027 十八年八月□□	 新陶四燕 013 十七年十月左缶(陶)肴(尹)	 新陶四燕 005 廿一年十二月右缶(陶)肴(尹)	 陶成 1.067.1 大市十月	 秦陶 1884 古
 新陶四燕 028 十九年三月右缶(陶)肴(尹)	 新陶四燕 013 十七年十月左缶(陶)肴(尹)	 新陶四燕 010 十六年九月右缶(陶)肴(尹)		 秦陶 2465 古
 新陶四燕 031 十七年八月右缶(陶)肴(尹)	 新陶四燕 014 廿三年十月	 新陶四燕 011 十六年十一月左缶(陶)□		 秦陶 2466 古
 新陶四燕 032□年十月右缶(陶)肴(尹)	 新陶四燕 026 十八年三月右缶(陶)肴(尹)	 新陶四燕 011 十六年十一月左缶(陶)□		 秦陶 2581 古

	秦		晉	
 秦陶 446 十	 秦陶 2977 十壹月辛酉	 集存 5・1 十亯(敦)中石丌異量牛	 新陶四韓 095 十□	 新陶四燕 059 十六言(觳)
 秦陶 449 十	 新陶五秦 071 六十四	 集存 5・5 十亯(敦)中石丌異量□	 新陶四韓 112 十	 燕齊 070 十言(觳)
 秦陶 472 十一	 新陶五秦 195 左十斗	 集存 5・6 十亯(敦)中石丌異□□	 新陶四韓 113 十六	 集存 4・4 十八年四月右缶(陶)君(尹)
 秦陶 473 十二	 秦陶 180 稺(稚)十四	 新陶四晉 101 十一	 新陶四韓 118 十六	

廿	博	千		
燕	秦	晋	燕	
 新陶四燕009廿二年□月左缶(陶)君(尹)	 秦陶1439博昌去疾	 新陶四魏061千萬	 新陶四齊245千丏(万)	 秦陶474十一
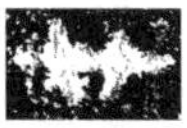 新陶四燕016廿三年十月左缶(陶)君(尹)	 秦陶1440博昌居此(貲)□里不更余	 陶賞17.1業千釿	 新陶四燕249千丏(万)	
 新陶四燕050廿一年⿰爿酉(將)軍固嗅都			 燕齊078千丏(万)	
 新陶四燕051廿五年嗅□ 又見“二十”合文。				

言　　　　　　　　卅

燕	秦	楚	晉	晉
 集拓.燕 96 言	 新陶五秦 044 大官卅  秦陶 500 丗  秦陶 501 丗	 新陶四楚 003 卅	 洛陽 3・3 吉三卅二 又見“三十” 合文。	 新陶四韓 101 廿  新陶四晉 100 廿

膺　　　　　　　　談

燕	秦	晉	齊	晉
 新陶四燕 282 膺	 秦陶 226 談留	 新陶四魏 028 匋(陶)談	 齊陶 0826 蒦圆(陽)匋(陶)里人談	 新陶四韓 086 言
 樂陶.膺	 秦陶 227 談留		 陶成 5.05.224.1 蒦圆(陽)匋(陶)里人談	

閭		諸		雔
秦	齊		秦	齊
 秦陶 1838 咸閭里眩	 齊陶 0081 閭閭陳旻(得)立纆	 新陶五秦 208 諸矦	 秦陶 3369 諸矦	 齊陶 0908 東蔓圖(陽)雔
 秦拓.咸閭里衛	 齊陶 0082 閭閭陳旻(得)立膇	 新陶五秦 200 天下諸矦	 秦陶 3377 諸矦	 齊陶 0909 東蔓圖(陽)雔
 戎陶 074 咸閭里眩		 新陶五秦 206 天下諸矦	 秦陶 3393 諸矦	
		 新陶五秦 207 天下諸矦	 秦陶 3412 諸矦	

信　　　　謹　　　　謀

晉	燕	齊	燕	燕
	詡			
 新陶四韓029 里信	 自怡.缶(陶)攻(工)詡(信)	 陶成 5.21.052.1 丘五信	 自怡.謹	 集存 4・40 缶(陶)攻(工)謀
 新陶四韓029 里信	 自怡.缶(陶)攻(工)詡(信)			
 新陶四趙032 信	 木葉.詡(信)			

訢	諫	詔		
燕	齊			秦
 新陶四燕039右缶(陶)攻(工)訢	 齊拓.丘齊缶里郤諫	 秦陶3424乃詔丞相	 秦陶3353乃詔丞相	 新陶五秦197乃詔丞相狀綰
 燕齊024□訢		 秦陶3423乃詔丞相	 秦陶3360乃詔丞相	 新陶五秦198乃詔丞相狀綰
			 秦陶3371乃詔丞相	 新陶五秦202立號爲皇帝乃詔丞
			 秦陶3421乃詔丞相	 新陶五秦210皇帝盡乃詔丞相狀綰

谿	註	詒	譊	諉
晋	齊	晋	晋	秦
 新陶四韓 023 亭谿	 齊陶 0950 繇巷東匋(陶)里註  齊陶 0949 繇巷東匋(陶)里註	 集存 5・9 □詒曰上	 新陶四晋 073 譊	 秦陶 3137 諉

譆* 誁*

齊				秦
 齊陶 0887 大蒦圆(陽) 匋(陶)者譆	 秦陶 172 誁	 秦陶 167 誁	 秦陶 163 誁	 秦陶 159 誁
		 秦陶 168 誁	 秦陶 164 誁	 秦陶 160 誁
		 秦陶 170 誁	 秦陶 165 誁	 秦陶 161 誁
		 秦陶 171 誁	 秦陶 166 誁	 秦陶 162 誁

訷*	⿱旂言*	誙*	詃*	訙*
燕	齊	齊	燕	秦
 新陶四燕188缶(陶)攻(工)訷	 齊陶0943大匋(陶)里⿱旂言	 齊陶0924繇巷大匋(陶)里誙	 新陶四燕244詃子	 秦陶1612咸鄜里訙(記)
 集存4·46缶(陶)攻(工)訷		 陶賞5·1□□□匋(陶)里誙	 新陶四燕283詃	 秦陶666右司空訙(記)

善	試*			謳*
齊			秦	齊
 齊陶 1020 塙(高)閱(間)里善	 秦陶 2363 左試	 秦陶 1896 左試	 秦陶 1894 左試	 夕續 141 謳立
 齊陶 1021 塙(高)閱(間)里善	 秦陶 2384 左試	 秦陶 1988 左試	 秦陶 1982 左試	
	 秦陶 2567 左試	 秦陶 1989 左試	 秦陶 1984 左試	
		 秦陶 2356 左試	 秦陶 1985 左試	

章　音

		秦	燕	燕
 新陶五秦360章	 秦陶1844咸直里章	 秦陶579宮章	 新陶四燕183缶(陶)攻(工)音	 木葉.缶(陶)攻(工)善
 新陶五秦361章	 秦陶2623咸直里章	 秦陶580宮章		
 新陶五秦421章	 秦陶3219咸直里章	 秦陶1076宮章		
 集存6・7咸淵里章	 秦拓.咸淵里章	 秦陶1300新城章		

業 童

	晋		秦	燕
				豪
 新陶四魏 007 業(鄴) 市	 新陶四魏 002 業(鄴) 市	 秦陶 2065 童	 秦陶 2977 敖童	 燕齊 102 豪
 新陶四魏 008 業(鄴) 市	 新陶四魏 004 業(鄴)	 秦陶 2066 右童	 秦陶 2062 右童	 木葉.豪 加注"豕"聲
 新陶四魏 009 業(鄴) 市	 新陶四魏 005 業(鄴)	 秦陶 2457 童	 秦陶 2063 右童	
 新陶四魏 010 業(鄴) 市	 新陶四魏 006 業(鄴)	 秦陶 2458 童	 秦陶 2064 童	

僕

		齊		
 齊陶 0114 □陳□叁僕	 齊陶 0085 誾閒陳导(得)立僕	 齊陶 0031 北郭陳喜僕	 集存 5・13 業(鄴)市	 新陶四魏 012 業(鄴)市
 齊陶 0149 陳戢(賀)立事僕	 齊陶 0109 蒦陳导(得)叁僕	 齊陶 0032 北郭陳喜僕	 集存 5・14 業(鄴)	 新陶四魏 013 業(鄴)市
 齊陶 0164 陳戢(賀)立事僕	 齊陶 0110 蒦□导(得)叁僕	 齊陶 0036 □郭□喜僕	 二晋 1 業市斗	 新陶四魏 014 業(鄴)市
 齊陶 0174 陳悬(怒)□事僕	 齊陶 0111 □陳□叁僕	 齊陶 0083 閒陳导(得)立僕	 陶賞 17.1 業千釿	 鑒陶 011 業(鄴)

丞　井

秦	齊	晉		
		盆		
 秦陶 3353 乃詔丞相	 齊陶 1388 井	 新陶四平 023 盆□	 齊陶 0221 □□叄僕	 齊陶 0175 陳思(怒)□ 事僕
 秦陶 3357 乃詔丞相		 新陶四晉 045 瘟盆	 齊陶 0243 □□□□僕	 齊陶 0176 陳思(怒)立 事僕
 秦陶 3358 乃詔丞相			 新陶四齊 079 繇巷中 匋(陶)里僕	 齊陶 0219 陳□叄僕
 秦陶 3360 乃詔丞相			 集存 1·21 繇巷中匋 (陶)里僕	 齊陶 0220 □□□僕

兵	戒	弇	奐	
燕	燕	秦	秦	
 木葉.缶(陶)攻(工)兵	 新陶四燕010右缶(陶)攻(工)荆徒戒	 秦陶3138弇	 秦陶2964西奐蘇氏十斗	 秦陶3363乃詔丞相  秦陶3422乃詔丞相  新陶五秦197乃詔丞相狀綰  新陶五秦202乃詔丞

		異		共
	晋	齊	秦	晋
 集存5·8 亓或異量	 集存5·1 十亖(敦)中石亓異量牛  集存5·3 中石亓異量牛  集存5·5 十亖中石亓異量□  集存5·6 十亖中石亓異□□	 陶成5.21.049.2 異里得	 秦陶1206 鄖陽共  秦陶1295 都共工浂	 新陶四魏067 共之

		鞴	鞊*	鞭
		齊	齊	燕
		釜		
 齊陶 0366 公釜	 齊陶 0353 □巷陳惦左段(軌)櫝均釜	 齊陶 0335 □陵陳□之釜	 陶成 5.21.042.1 鞊里匋(陶)取	 新陶四燕 200 缶(陶)攻(工)鞭
 集存 1·3 王□□棱右均亭釜	 齊陶 0364 公釜	 齊陶 0342 □門陳棱再左里段(軌)亭釜		
 夕續 463.1 釜	 齊陶 0364 公釜	 齊陶 0344 陳棱再立事左里段(軌)亭釜		
 夕續 442 公釜	 齊陶 0365 公釜	 齊陶 0350 昌櫅陳圓(固)南右段(軌)亭釜		

 夕續 387.2 歲之釜	 夕續 377.2 事歲之釜	 齊陶 0322 歲釜	 燕齊 113 公釜	 新陶四齊 056 事歲之釜
 夕續 393.2 歲之釜	 夕續 383.1 歲釜	 齊陶 0323 釜□	 遺珍 157 事歲之釜	 新陶四齊 057 釜也
 夕續 394 歲之釜	 夕續 383.2 歲釜	 夕續 382.2 事歲之釜	 遺珍 164 釜	 新陶四齊 062 釜
 夕續 395.2 歲之釜	 夕續 464 釜	 夕續 380 事歲之釜	 遺珍 160 釜	 夕續 463.2 釜

 夕續 425.2 之釜	 夕續 415.1 之釜	 夕續 411.1 之釜	 夕續 398.1 歲之釜	 夕續 396.1 歲之釜
 夕續 426.1 之釜	 夕續 420.2 之釜	 夕續 411.2 之釜	 夕續 400 歲之釜	 夕續 396.2 歲之釜
 夕續 426.2 之釜	 夕續 423.1 之釜	 夕續 412 之釜	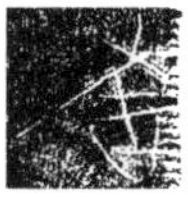 夕續 401 歲之釜	 夕續 397.1 歲之釜
 夕續 427.1 之釜	 夕續 424.1 之釜	 夕續 414.2 之釜	 夕續 403.1 歲之釜	 夕續 397.2 歲之釜

 夕續 444 釜	 夕續 436.1 之釜	 夕續 433.2 之釜	 夕續 429.2 之釜	 夕續 427.2 之釜
 夕續 446 釜	 夕續 436.2 之釜	 夕續 434.2 之釜	 夕續 430.1 之釜	 夕續 428.1 之釜
 夕續 451 釜	 夕續 437.2 之釜	 續 465.1 釜	 夕續 430.2 之釜	 夕續 428.2 之釜
 夕續 370 立 事歲之釜	 夕續 438.2 之釜	 夕續 435.2 之釜	 夕續 433.1 之釜	 夕續 429.1 之釜

爲

齊				
 齊陶 0381 大蒦圆(陽)壽所爲	 陶成 5.21.051.1 桁之釜	 夕續 467.1 釜	 夕續 450 釜	 夕續 372.2 事歲釜
 齊陶 0877—6 大蒦圆(陽)壽所爲	 陶成 1.038.2 王釜	 夕續 467.2 釜	 夕續 470.2 釜也	 夕續 373.2 事歲釜
 齊陶 1180 子袶子西里人爲公飯豆者		 夕續 465.2 釜	 夕續 471 釜也	 夕續 376 事歲之釜
 齊陶 1244 □訇所爲匋(陶)□		 夕續 416.1 之釜	 夕續 466.1 釜	 夕續 468 釜

秦	晉	燕		
 秦陶 2977 以爲右庶長 歜宗邑	 新陶四韓 009□余爲	 新陶四燕 099 右宫爲 人	 新陶四齊 149 大蒦圆 (陽)壽所爲	 新陶四齊 006 大蒦圆 (陽)壽所爲
 秦陶 2977 乃爲瓦書				 新陶四齊 015 大蒦圆 (陽)壽所爲
 秦陶 2977 子子孫孫以 爲宗邑				 新陶四齊 146 大蒦圆 (陽)壽所爲
 新陶五秦 197 立號爲 □□				 新陶四齊 150 大蒦圆 (陽)壽所爲

又

晋	燕	齊		
 新陶四韓 098 邯又二	 新陶四燕 059 又目□	 齊陶 1247 又終豆	 秦陶 3372 立□爲□帝	 新陶五秦 198 立號爲 皇帝
 新陶四平 008 又臣□ □		 齊陶 1248 又終豆	 秦陶 3373 立號爲皇帝	 新陶五秦 201 立號爲 皇帝
 新陶四平 033 事又			 秦陶 3376 立號爲皇帝	 新陶五秦 202 立號爲 皇帝
			 秦陶 3419 □□爲皇帝	 秦陶 3361 立□爲□□

尹　　父

	燕	商	西周	秦
	肙			
 新陶四燕018□年七月左缶(陶)肙(尹)	 新陶四燕001右缶(陶)肙(尹)鑪疋器鍴(瑞)	 新陶二001尹	 新陶三01008□乍(作)父寶尊彝	 秦陶2368又禾
 新陶四燕019右缶(陶)肙(尹)鑪疋器□	 新陶四燕007廿一年八月右缶(陶)肙(尹)			 秦陶2365又禾
 新陶四燕021□缶(陶)肙(尹)鑪疋器鍴(瑞)	 新陶四燕010十六年九月右缶(陶)肙(尹)			 秦陶2563又
 新陶四燕025十六年八月右缶(陶)肙(尹)	 新陶四燕016廿三年十月左缶(陶)肙(尹)			

	晋			
 新陶四韓 057 肙(尹) 固	 新陶四韓 054 肙(尹) 焦	 集存 4・4 十八年四月 右缶(陶)肙 (尹)	 自怡. 十七 年二月右缶 (陶)肙(尹)	 新陶四燕 028 十九年 三月右匋 (陶)肙(尹)
 新陶四韓 058 肙(尹) 履	 新陶四韓 055 肙(尹) 焦		 自怡. □月 左缶(陶)肙 (尹)	 新陶四燕 031 十七年 八月右缶 (陶)肙(尹)
 新陶四韓 059 肙(尹) 履	 新陶四韓 055 肙(尹) □		 新陶四燕 246 肙(尹) 君	 新陶四燕 032□年十 月右缶(陶) 肙(尹)
 新陶四韓 060 肙(尹)	 新陶四韓 056 肙(尹) �		 集存 4・1 十六年十一 月右缶(陶) 肙(尹)	 新陶四燕 036□□二 月左缶(陶) 肙(尹)

反	秉		䖒	
燕	商		齊	
 新陶四燕060二言(瞉)反(半)	 新陶二024秉	 齊陶1223䖒里安	 新陶四齊064䖒丘	 新陶四韓061⿱尹月(尹)愸
 新陶四燕065四言(瞉)五反(半)		 齊陶1224䖒里安	 齊陶0979䖒丘巷	 新陶四韓062⿱尹月(尹)
 新陶四燕070二言(瞉)反(半)		 齊陶1226䖒里□	 齊陶0980䖒丘巷	 新陶四韓064⿱尹月(尹)愸
 新陶四燕077二言(瞉)反(半)			 齊陶1222䖒里安	 新陶四韓065⿱尹月(尹)愸

取

秦	燕	齊	秦	
 秦陶 2977 取杜	 新陶四燕 278 取	 齊陶 1387 取	 秦陶 933 蒲反	 新陶四燕 085 亖(觳)反(半)
		 新陶四齊 250 取		 燕齊 075 二亖(觳)反
				 燕齊 068□亖(觳)反

度　　　　友

	秦	齊	秦	齊
 秦陶 3414 灋度量	 秦陶 3353 灋度量	 郲陶薛(?) 綦子之度恂 (量)也	 秦陶 282 友	 陶成 5.21. 075.1 卜友
 新陶五秦 197 灋度量 則	 秦陶 3358 灋度量			
 新陶五秦 203 灋度量 則	 秦陶 3360 灋度量			
	 秦陶 3362 灋度量			

	事		史	卑
	齊	秦	晋	秦
 齊陶 0156 陳戠(賀)立 事膔	 齊陶 0148 陳戠(賀)立 事□	 秦陶 2977 史曰初	 新陶四趙 006 剸(半) 匿塙卸(御) 史肖宮(?) 立鮁(校)	 秦陶 2977 卑司御不更 顝封之
 齊陶 0161 陳戠(賀)□ 事繮	 齊陶 0149 陳戠(賀)立 事僕	 秦陶 2977 史羈手		
 齊陶 0162 陳戠(賀)立 事繮	 齊陶 0151 陳戠(賀)立 事			
 齊陶 0164 陳戠(賀)立 事僕	 齊陶 0152 陳戠(賀)立 事僕			

 新陶四齊031 陳怒立事丁	 齊陶 0235 陳□立事□	 齊陶 0191 陳思(怒)立事僕	 齊陶 0178 陳思(怒)立事丁	 齊陶 0174 陳思(怒)□事僕
 新陶四齊032 陳怒□事丁	 齊陶 0237 陳□立事	 齊陶 0206 陳�立事粇	 齊陶 0179 陳思(怒)立事丁	 齊陶 0175 陳思(怒)□事僕
 夕續 210 立事	 齊陶 0239 陳□立事	 齊陶 0210 陳丩立事丁	 齊陶 0188 陳思(怒)立事□	 齊陶 0176 陳思(怒)立事僕
 夕續 211 立事	 齊陶 0241 陳□立事膭	 齊陶 0224 陳肔立事□	 齊陶 0189 陳思(怒)立事膭	 齊陶 0177 陳思(怒)立事丁

 夕續 225.1 立事	 夕續 212.2 立事	 遺珍 156 事歲	 齊拓.陳蒼立事	 新陶四齊 054 事歲
 夕續 226.2 立事	 夕續 217.1 立事	 齊陶 0316 立事	 夕續 69.1 陳榑立事歲	 新陶四齊 055 事歲
 夕續 227.1 立事	 夕續 218 立事	 齊陶 0317 事	 夕續 57 陳遇立事	 新陶四齊 056 事歲之釜
 夕續 227.2 立事	 夕續 274.1 事	 新陶四齊 053□立事歲	 夕續 239.1 立事歲	 夕續 272.2 事

 夕續 245.1 立事歲	 夕續 242.2 立事歲	 夕續 239.2 立事歲	 夕續 234.2 立事	 夕續 231 立事
 夕續 245.2 立事歲	 夕續 243 立事歲	 夕續 240 立事歲	 夕續 237 立事	 夕續 232.1 立事
 夕續 246 立事歲	 夕續 244.1 立事歲	 夕續 241.1 立事歲	 續 376 事歲之釜	 夕續 233.1 立事
 夕續 247 立事歲之	 夕續 209 立事	 夕續 242.1 立事歲	 夕續 377.2 事歲之釜	 夕續 279.1 事歲

 夕續 292.1 事歲	 夕續 283.1 事歲	 夕續 215 立事	 夕續 270.2 事	 夕續 250 事
 夕續 293.2 事歲	 夕續 509.3 □立事	 夕續 506□立事	 夕續 270.3 事	 夕續 269.1 事
 夕續 297.2 事歲	 夕續 287.1 事歲	 夕續 266.2 事	 夕續 271.1 事	 夕續 269.1 事
 夕續 90.1 □□廬立事	 夕續 207.2 立事	 夕續 257.2 事	 夕續 271.2 事	 夕續 270.1 事

	晋			
 新陶四趙036 事□	 新陶四韓010 事	 夕續 74.2 吉立事	 夕續 371.1 立事歲之釜	 夕續 298.1 事歲
 新陶四平033 事又	 新陶四趙011 事即恷		 夕續 374 事歲之釜	 夕續 303.2 事歲
 新陶四晋095 事慝（地）	 新陶四趙013 事壬		 夕續 230.1 立事	 夕續 305.1 事歲
	 新陶四趙014 事犨		 齊陶 0344 陳棱再立事左里敀亭釜	 夕續 233.2 立事

臤	畫	書	肆	攴
齊	秦	秦	秦	晉
𦣞			𦀚	
 齊陶 0745 關里𦣞(臤)	 秦都.圖 356□畫	 秦陶 1138 槵邑書	 秦陶 1203 宜陽𦀚(肆)	 新陶四平 010 支毀
 齊拓.昜(陽) 里人𦣞(臤)		 新陶五秦 322 書	 秦陶 1204 宜陽肆	
		 新陶五秦 437 書		
		 新陶五秦 438 書		

臧	臣			豎
齊	秦	晉	西周	燕
臧				豎
 齊陶 0679 楚郭巷關里 臧(臧)	 新陶五秦 333 臣	 新陶四平 008 又臣□ □	 新陶三 01 ·013 臣	 新陶四燕 034 □豎 (豎)敀戠 (賀)
 齊陶 0680 楚郭巷關里 臧(臧)	 秦陶 1673 咸巨陽臣	 新陶四平 029 會臣		
 齊陶 0681 楚郭巷關里 臧(臧)	 秦陶 2722 咸臣西辟			
 齊陶 0682 楚郭巷關里 臧(臧)	 秦陶 2726 咸芮里臣			

秦	晉			
	⿰爿臣	⿱臧土		
 秦陶 76 宮臧	 新陶四魏 054 匋(陶)⿰爿臣(臧)	 齊陶 0283 ⿱臧土(臧)	 齊陶 1208 子袶子里曰⿰爿咸(臧)	 齊陶 0967 左南郭巷辛匋(陶)里⿰爿咸(臧)
 秦陶 77 臧	 新陶四魏 055 匋(陶)⿰爿臣(臧)	 齊陶 0284 ⿱臧土(臧)	 新陶四齊 118 塙(高)閲(間)棋里曰⿰爿咸(臧)	 齊陶 0992 塙(高)閲(間)棋里曰⿰爿咸(臧)
 秦陶 79 宮臧		 齊陶 0285 ⿱臧土(臧)	 集存 2・26 楚郭巷關里⿰爿咸(臧)	 齊陶 0870 匋(陶)里人⿰爿咸(臧)之豆
 秦陶 81 宮臧		 齊陶 0286 ⿱臧土(臧)	 集存 3・3 子袶子里曰⿰爿咸(臧)	 陶選 0377 ⿰爿咸(臧)

段　　校　　笸*

秦	燕	晉		
 秦陶 1613 咸鄜里段	 集存 4・61 㓝校	 新陶四平 023 笸□	 秦陶 2597 臧	 秦陶 82 宮 臧
 秦陶 1614 咸鄜里段		 新陶四晉 045 瘶笸 又見“僕” 字。		 秦陶 85 宮 臧
 秦陶 1615 咸鄜里段				 秦陶 87 宮 臧
 新陶五秦 026 咸鄜里 段				 秦陶 89 宮 臧

寺　　嗀*　　毅

秦	晉	秦	秦	
 秦陶 575 寺係	 新陶四晉 110 縣□寺	 秦陶 1268 大嗀	 秦陶 3015 毅	 秦陶 2820 右段
 秦陶 576 寺係				
 秦陶 578 寺係				
 秦陶 827 寺水				

 秦陶 1045 寺水	 秦陶 1035 寺水	 秦陶 1027 寺水	 秦陶 838 寺水	 秦陶 828 寺水
 秦陶 1155 寺水	 秦陶 1037 寺	 秦陶 1028 寺水	 秦陶 839 寺水	 秦陶 830 寺水
 秦陶 1329 寺工毋死	 秦陶 1039 寺嬰	 秦陶 1029 寺水	 秦陶 842 寺水	 秦陶 833 寺水
 秦陶 1333 寺工毋死	 秦陶 1042 寺嬰	 秦陶 1034 寺水	 秦陶 843 寺水	 秦陶 834 寺水

啟	皮	尃	將	
齊	秦	晉	秦	
 齊陶 1458 啟	 秦陶 1363 皮氏卯	 新陶四趙 001 下尃	 秦陶 3352 將行内者	 秦陶 1334 寺工毋死
	 秦陶 1365 皮			 秦陶 2120 寺從
				 秦陶 2121 寺涉

更　　　　故

		秦	秦	燕
 秦拓.更	 秦陶 2598 更	 秦陶 2977 卑司御不更 顝封之	 秦陶 2480 咸故倉均	 自怡.左宫 少敀
	 秦陶 2797 更	 秦陶 1432 東武東閒居 貲不更睢	 乾堂.脩故 娺	
	 秦陶 2269 更	 秦陶 1437 東武不更□ □		
	 秦陶 2271 更	 秦陶 1446 闌陵居貲便 里不更牙		

		敦	救	斂
	晉	齊	齊	燕
	亯	敦		
 集存5·1 十亯(敦)中石丌異量牛	 新陶四魏047 亯(敦)	 新陶四齊124 蒦圆(陽)匋(陶)里敦(淳)于旅□	 集存2·56 匋(陶)救	 自怡.缶(陶)攻(工)斂
 集存5·6 十亯(敦)中石丌異□□	 新陶四魏048 亯(敦)	 齊陶089 中蒦圆(陽)里敦(淳)于向		 集存4·24 缶(陶)攻(工)斂
 集存5·10 亯(敦)	 新陶四魏053 亯(敦)			
 集存5·5 十亯(敦)中石丌異量□	 鑒陶013 亯(敦)			

鼓		寇		
秦	商	秦	晉	
 新陶五秦433鼓	 新陶二019鼓	 秦陶1242寇	 新陶四平017司寇豊	 集存5·2十亖(敦)中石丌異量牛

攻

			燕	齊
 新陶四燕105左缶(陶)攻(工)恚	 新陶四燕153缶(陶)攻(工)蓸	 新陶四燕015左缶(陶)攻(工)敢	 自怡.□攻(工)秦	 齊陶1238六辛攻里□
 新陶四燕106左缶(陶)攻(工)秦	 新陶四燕154缶(陶)攻(工)坴	 新陶四燕019缶(陶)攻(工)依	 新陶四燕001缶(陶)攻(工)悅	
 新陶四燕107左缶(陶)攻(工)丑	 新陶四燕155缶(陶)攻(工)□	 新陶四燕024缶(陶)攻(工)依	 新陶四燕005右缶(陶)攻(工)湯	
 新陶四燕114缶(陶)攻(工)依	 新陶四燕156缶(陶)攻(工)□	 新陶四燕038右缶(陶)攻(工)徒	 新陶四燕010右缶(陶)攻(工)刑徒戒	

 新陶四燕 180 缶(陶) 攻(工)乙	 新陶四燕 176 缶(陶) 攻(工)牛	 新陶四燕 173 缶(陶) 攻(工)午	 新陶四燕 165 缶(陶) 攻(工)昌	 新陶四燕 111 缶(陶) 攻(工)逦
 新陶四燕 181 缶(陶) 攻(工)乙	 新陶四燕 146 缶(陶) 攻(工)	 新陶四燕 174 缶(陶) 攻(工)牛	 新陶四燕 166 缶(陶) 攻(工)昌	 新陶四燕 112 缶(陶) 攻(工)逦
 新陶四燕 182 缶(陶) 攻(工)乙	 新陶四燕 134 缶(陶) 攻(工)昌	 新陶四燕 175 缶(陶) 攻(工)牛	 新陶四燕 169 缶(陶) 攻(工)昌	 新陶四燕 136 缶(陶) 攻(工)昌
 新陶四燕 200 缶(陶) 攻(工)夋 (鞭)	 新陶四燕 179 缶(陶) 攻(工)乙	 新陶四燕 151 缶(陶) 攻(工)□	 新陶四燕 170 缶(陶) 攻(工)昌	 新陶四燕 141 缶(陶) 攻(工)昌

 燕齊 005 缶(陶)攻(工)賬	 新陶四燕 203 缶(陶)攻(工)□	 新陶四燕 191 缶(陶)攻(工)士	 新陶四燕 187 缶(陶)攻(工)山	 新陶四燕 185 缶(陶)攻(工)秦
 燕齊 059 缶(陶)攻(工)凵	 新陶四燕 205 左缶(陶)攻(工)和	 新陶四燕 192 缶(陶)攻(工)士	 新陶四燕 188 缶(陶)攻(工)誁	 新陶四燕 157 缶(陶)攻(工)□
 燕齊 046 缶(陶)攻(工)士	 新陶四燕 304 缶(陶)攻(工)上	 新陶四燕 193 缶(陶)攻(工)士	 新陶四燕 189 缶(陶)攻(工)士	 新陶四燕 161 缶(陶)攻(工)得
 燕齊 030 攻(工)丁	 鑒陶 016 缶(陶)攻(工)得	 新陶四燕 194 缶(陶)攻(工)士	 新陶四燕 190 缶(陶)攻(工)士	 新陶四燕 163 缶(陶)攻(工)昌

敀

		燕		
 新陶四燕034□亹故戠(賀)	 新陶四燕014□□剸故戠(賀)	 燕齊001左缶(陶)倈湯故國	 自怡.缶(陶)攻(工)信	 集存4・03右缶(陶)攻(工)賀
 新陶四燕036倈湯故國	 新陶四燕025倈旓(看)故戠(賀)	 新陶四燕001倈剸(斷)故戠(賀)	 集存4・15左缶(陶)攻(工)秦	 集存4・06缶(陶)攻(工)乘
 自怡.倈旓(看)故戠(賀)	 新陶四燕027倈□故國	 新陶四燕005倈疾故戠(賀)	 新陶四燕198缶(陶)攻(工)□	 集存4・35缶(陶)攻(工)斂
	 集存4・3倈旓(看)故戠(賀)	 新陶四燕010倈旓(看)故戠(賀)	 新陶四燕199缶(陶)攻(工)	 集存4・45缶(陶)攻(工)士

鈙*	⿰舟攵*	敼*	畋	⿰車攴
秦	秦	齊	燕	齊
 新豐.鈙漆田□	 秦陶 1811 左⿰舟攵  秦陶 1935 左⿰舟攵	 齊陶 0416 王敼⿱艹⿰虘攵里导(得)  齊陶 0418 王敼⿱艹⿰虘攵里导(得)  集存 3・8 敼⿰木⿱艹⿰虘攵里秀	 木葉.畋居	 陶成 1.023 .3 ⿰車攴

般*	数*	酘*	敫*	敋*
晋	齊	齊	齊	齊
 新陶四趙006 剒(半)匿塙卸(御)史肖宮(?)立般(校)	 齊陶 1454 数	 集存 1·20 繇巷中匋(陶)里酘  陶成 5.05.133.1 繇巷中匋(陶)里酘	 齊陶 0918 繇巷大匋(陶)里敫  鑒陶 020 繇巷大匋(陶)里敫  齊拓. 繇巷大匋(陶)里敫	 齊陶 0902 中蒦圆(陽)里馬敋旨

𣪘

				齊
 燕齊 150 王卒左𣪘(軌)□圖(陽)櫗里	 陶成 1.110.1 左□𣪘(軌)	 齊陶 0403 王卒左𣪘(軌)城圖(陽)□里	 齊陶 0349 昌櫅陳圂(固)南左里𣪘(軌)亭區	 齊陶 0330 ⿸疒邑者陳㝵(得)再左里𣪘(軌)亭豆
 集存 3・7 王卒左𣪘(軌)□圖(陽)櫗里土	 陶成 1.111.1 左𣪘(軌)	 齊陶 0353 □巷陳⿰忄旂左𣪘(軌)櫝均釜	 齊陶 0349 右𣪘(軌)□巷尚畢里季⿱罒舌	 齊陶 0336 華門陳棱再左里𣪘(軌)亭釜亭區
 集存 3・39 南宫左𣪘(軌) 或釋爲"𢾂"	 陶成 1.017.1 右𣪘(軌)□豆	 齊陶 0396 王卒左𣪘(軌)城圖(陽)櫗里尘	 齊陶 0352 平門内陳賫左里𣪘(軌)亭區	 齊陶 0340 □門陳□再左里𣪘(軌)亭釜
	 陶成 1.034.1 左𣪘(軌)區	 齊陶 0397 王卒左𣪘(軌)城圖(陽)櫗里尘	 齊陶 0343 華□□棱再□□𣪘(軌)亭□	 齊陶 0348 昌櫅陳圂(固)南左里𣪘(軌)亭區

貞		卜		
秦	齊		秦	齊
 集存 6·5 咸亭東貞娙器	 齊陶 0978 □里巷□里貞	 秦陶 2348 咸卜里戎	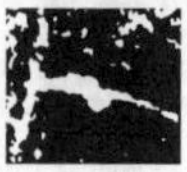 秦陶 2977 卜蟄	 陶成 5.21. 075.1 卜友
	 新陶四齊 211 豆里貞	 戎陶 020 咸 卜里戎	 秦陶 2118 咸卜□戎	
	 鑒陶 026 中蒦圆(陽) 里貞		 秦陶 1929 咸卜□戎	
			 秦陶 2522 咸卜里戎	

		尔	用	占
		秦	齊	齊
		 新陶五秦357□尔	 齊陶 1389 用	 齊陶 0779 蒦圆(陽)南里人不占
		 新陶五秦358□尔		 鑒陶 043 蒦圆(陽)南里人不占
		 新陶五秦359□尔		
		 新陶五秦425□尔		

新出古陶文文字編卷四

相　盱　目

晉	秦	燕	齊
 新陶四韓 030 里相	 新陶五秦 284 盱	 新陶四燕 059 又目□	 齊陶 1034 豆里疾目
 新陶四魏 016 匋(陶)相			 齊陶 1035 □里疾目
 新陶四魏 017 匋(陶)相			 新陶四齊 230 豆里疾目
 新陶四魏 018 匋(陶)相			

眛	看			
秦		燕	秦	
		旃		
 秦陶 669 右司空眛	 集存 4・3 倈旃(看)敀戠(賀)	 新陶四燕 010 倈旃(看)敀戠(賀)	 新陶五秦 198 乃詔丞相狀綰	 新陶四魏 031 匋(陶)相
 秦陶 671 右司空眛		 新陶四燕 025 倈旃(看)敀戠(賀)	 新陶五秦 203□相狀綰	 鑒陶 002 匋(陶)相
 秦陶 1638 咸郱里眛		 自怡. 倈旃(看)敀戠(賀)	 秦陶 3371 □相	
 集存 6・13 咸郱里眛		 集存 4・1 倈旃(看)敀戠(賀)	 秦陶 3374 □相	

䀹*		盺*	睩	
晋		齊	晋	
 陶成 5.05.281.1 中蒦圆(陽)里□䀹	 集存 1・27 蒦圆(陽)南里盺	 齊陶 0792 □圆(陽)□里□盺  鑒陶 021 蒦圆(陽)南里人盺  燕齊 220 蒦圆(陽)南里人盺  集存 1・35 蒦圆(陽)南里人盺	 新陶四魏 033 匋(陶)睩	 戎陶 016 咸郚里眛  戎陶 017 咸郚里眛

皆	⿱自男	自		畀*
秦	晋	秦	楚	晋
 秦陶 3357 皆明壹之	 雙樓.⿱自男	 秦陶 2977 自桑郭之封以東	 新陶四越 001 自	 新陶四魏 022 匋(陶)畀
 秦陶 3358 皆明壹之			 新陶四越 001 自	
 秦陶 3364 皆明壹之			 新陶四越 002 自	
 秦陶 3397 皆□壹□				

者　　　魯

		齊	晋	
 新陶四齊 143 大蒦圚 (陽)匋(陶) 者乙	 齊陶 0874 大蒦圚(陽) 里匋(陶)者 繆	 齊陶 0330 者陳导(得) 再左里殷 (軌)亭豆	 集存 5・24 匋(陶)魯	 秦陶 3398 皆明□□
 新陶四齊 144 大蒦圚 (陽)匋(陶) 者谿	 齊陶 0884 大蒦圚(陽) 里匋(陶)者 捷	 齊陶 0769 蒦圚(陽)南 里匋(陶)者 罿		 秦陶 3418 皆□□□
 新陶四齊 145 大蒦圚 (陽)匋(陶) 者忎	 新陶四齊 140 大蒦圚 (陽)匋(陶) 者忎	 齊陶 0772 蒦圚(陽)南 里匋(陶)者 魼		 新陶五秦 197 皆明壹 之
 新陶四齊 147 大蒦圚 (陽)匋(陶) 者忎	 新陶四齊 142 大蒦圚 (陽)匋(陶) 者谿	 齊陶 0775 蒦圚(陽)南 里匋(陶)者 魼		 新陶五秦 209 皆明壹 之

百

齊		秦	燕	
 新陶四齊 307 明百	 秦陶 3352 將行內者	 秦陶 3396 □□壹歉疑 者	 新陶四燕 087 左宮者 坐(州)	 新陶四齊 148 大蒦圁 (陽)匋(陶) 者乙
	 秦陶 3353 灋度量則不 壹歉疑者	 新陶五秦 198 不壹歉 疑者	 新陶四燕 088 右宮者 坐(州)	 新陶四齊 153 大蒦圁 (陽)匋(陶) 者忈
	 秦陶 3357 則不壹歉疑 者	 新陶五秦 204 不壹歉 疑者	 集存 4・19 右宮者坐 (州)	
	 秦陶 3360 則不壹歉疑 者	 新陶五秦 209 壹歉疑 者皆明壹之		

鼻

燕		齊	秦	燕
	胉			
 集拓.燕 93 鼻□	 新陶四齊 241 辛里胉（鼻）□	 集存 3・58 鼻	 秦 2003 九百	 木葉.百

翏　　羽　　奭

燕	齊	秦	秦	齊
 集存 4・61 曌校	 齊陶 1242 翏忐  陶成 5.08. 2.1□丘巷 東鄉里翏忐	 秦陶 2343 羽	 秦陶 1594 咸奭	 齊陶 0575 丘齊平里王 厍奭  集存 2・42 東酷里鄐奭

雝	雕	雒	隹	
秦	秦	秦	燕	秦
 秦陶 3135 崇里雝	 秦陶 3307 雕陰  秦拓.雕市	 秦陶 3303 雒亭	 燕齊 063 士 □隹 或釋“隼”。	 秦陶 1199 臨晉翏

			蒦	雋
			齊	秦
 齊陶 0798 蒦圆(陽)南里簃	 齊陶 0794 蒦圆(陽)南里人狖	 齊陶 0781 蒦圆(陽)南里人忢	 齊陶 0769 蒦圆(陽)南里匋(陶)者瞿	 秦陶 1376 雋亭
 齊陶 0799 蒦圆(陽)南里綴	 齊陶 0795 蒦圆(陽)南里人狖	 齊陶 0785 蒦圆(陽)南里人忢	 齊陶 0772 蒦圆(陽)南里匋(陶)者鮏	 秦陶 1418 雋亭
 齊陶 0804 蒦圆(陽)南里奠	 齊陶 0796 蒦圆(陽)南里簃	 齊陶 0786 蒦圆(陽)南里人忢	 齊陶 0779 蒦圆(陽)南里人不占	
 齊陶 0806 蒦圆(陽)南里□	 齊陶 0797 蒦圆(陽)南里簃	 齊陶 0790 蒦圆(陽)南里人憢	 齊陶 0780 蒦圆(陽)南里人忢	

 齊陶 0905 東蒦圆(陽)里公孫縣	 齊陶 0866 蒦圆(陽)匋(陶)里	 齊陶 0837 蒦圆(陽)匋(陶)里人貲	 齊陶 0822 蒦圆(陽)匋(陶)里人寱	 齊陶 0808 蒦圆(陽)南里□
 齊陶 0906 東蒦圆(陽)里公孫縣	 齊陶 0892 中蒦圆(陽)里匋(陶)漸	 齊陶 0842 蒦圆(陽)匋(陶)里人造	 齊陶 0828 蒦圆(陽)匋(陶)里人□	 齊陶 0813 蒦圆(陽)匋(陶)里人王愳
 齊陶 0908 東蒦圆(陽)飵	 齊陶 0896 中蒦圆(陽)里敦(淳)于向	 齊陶 0849 蒦圆(陽)匋(陶)里人䀠(瞿)	 齊陶 0829 蒦圆(陽)匋(陶)里人達	 齊陶 0818 蒦圆(陽)匋(陶)里人导(得)
 齊陶 0909 東蒦圆(陽)飵	 齊陶 0897 中蒦圆(陽)□舊	 齊陶 0850 蒦圆(陽)匋(陶)里人䀠(瞿)	 齊陶 0830 蒦圆(陽)匋(陶)里人貲	 齊陶 0820 蒦圆(陽)匋(陶)里人导(得)

 新陶四齊 144 大蒦圆 (陽)匋(陶) 者谿	 新陶四齊 137 蒦圆 (陽)匋(陶) 里人慶	 新陶四齊 133 蒦圆 (陽)匋(陶) 里人导	 新陶四齊 125 蒦圆 (陽)匋(陶) 里曰戊	 齊陶 0955 繇巷蒦圆 (陽)南里□
 新陶四齊 146 大蒦圆 (陽)壽所爲	 新陶四齊 140 大蒦圆 (陽)匋(陶) 者忑	 新陶四齊 134 蒦圆 (陽)匋(陶) 里人陞	 新陶四齊 127 蒦圆 (陽)匋(陶) 里人寨	 齊陶 0955 繇巷蒦圆 (陽)南里□
 新陶四齊 147 大蒦圆 (陽)匋(陶) 者忑	 新陶四齊 141 大蒦圆 (陽)匋(陶) 者谿	 新陶四齊 135 蒦圆 (陽)匋(陶) 里人弃	 新陶四齊 132 蒦圆 (陽)匋(陶) 里人□雄	 新陶四齊 123 蒦圆 (陽)匋(陶) 里人陞
 新陶四齊 148 大蒦圆 (陽)匋(陶) 者乙	 新陶四齊 142 大蒦圆 (陽)匋(陶) 者谿	 新陶四齊 136 蒦圆 (陽)匋(陶) 里人達	 新陶四齊 128 蒦圆 (陽)匋(陶) 里	 新陶四齊 123 蒦圆 (陽)匋(陶) 里人陞

晋				
 新陶四平016曲陽蒦	 集存2·1中蒦圚(陽)里漸	 鑒陶043蒦圚(陽)南里人不占	 新陶四齊157蒦圚(陽)南里人螽	 集存2·3中蒦圚(陽)里區人牛
	 集存1·33蒦圚(陽)南里人螽	 鑒陶034蒦圚(陽)匋(陶)里人豳(阻)	 新陶四齊171蒦圚(陽)魚里分步	 新陶四齊152大蒦圚(陽)匋(陶)者忑
	 集存1·27蒦圚(陽)南里盼	 鑒陶021蒦圚(陽)南里人	 鑒陶052蒦圚(陽)南里匋(陶)狗	 新陶四齊155蒦圚(陽)南里萻
	此字從"艸",應放入卷一"艸"部。	 燕齊239蒦圚(陽)南里人螽	 鑒陶053蒦圚(陽)匋(陶)里人造	 新陶四齊156中蒦圚(陽)里匋(陶)漸

羥　　　　羊　　　　舊

秦	齊	商		齊
 秦陶 566 大羥	 新陶四齊 343 羊	 新陶二 021 羊	 集存 2・4 中蔓圚(陽)里舊	 齊陶 0897 中蔓圚(陽)□舊
 秦陶 567 大羥	 齊陶 1401 羊			 齊陶 0898 □蔓□□舊
 秦陶 568 大羥	 齊陶 1402 羊			 燕齊 177 中蔓圚(陽)里舊
 秦陶 570 大羥	 齊陶 1406 羊			 齊拓. 中蔓圚(陽)里舊

鳥　　　　　　　　瞿

秦	燕		齊	
	⿱䀠子	⿰目⿱䀠子	⿱䀠子	
 秦陶 1886 鳥	 燕齊 094 ⿱䀠子 （瞿）	 集存 1・42 蔓圙(陽)匋 (陶)里 ⿰目⿱䀠子 （瞿）	 齊陶 0849 蔓圙(陽)匋 (陶)里人⿱䀠子 （瞿）	 秦陶 3119 大羥
	 木葉. ⿱䀠子 （瞿）		 齊陶 0850 蔓圙(陽)匋 (陶)里人⿱䀠子 （瞿）	
			 新陶四齊 154 蔓圙 (陽)昜里⿱䀠子 （瞿）	
			 齊拓. 蔓圙 (陽)匋(陶) 里人⿱䀠子(瞿)	

棄	畢	烏		鵃*
齊	齊	秦	齊	燕
 陶成 5.05.025.5 蒦圚(陽)南里人棄疾	 齊陶 0349 右敀□巷尚畢里季踞	 秦陶 1130 高陽工烏	 新陶四齊 282 烏	 新陶四燕 066 二言(觳)七鵃(掬)
	 齊陶 0386 左敀□巷尚畢里季踞	 秦陶 1131 宮陽工烏		 集存 4・24 二言(觳)七鵃(掬)
	 齊陶 0387 左敀□巷尚畢里季踞	 秦陶 1237 烏氏工昌		
		 秦陶 1345 烏氏援		

再

			齊	
				遼
 新陶四齊 037□□再 膇	 齊陶 0330 瘖者陳导 (得)再左里 毁(軌)亭豆	 齊陶 0217 陳□再	 齊陶 0199 陳宴再膇	 齊陶 0959 東酷里□遼 (棄)瘀
 新陶四齊 038 陳宴再 膇	 齊陶 0336 華門陳棱再 左里毁(軌) 亭釜	 齊陶 0240 陳□再	 齊陶 0200 陳宴再俓	 集存 1・19 繇大匋(陶) 里遼(棄)疾
 新陶四齊 041 陳宴再 □	 齊陶 0338 華門陳棱再 左里毁(軌) 亭區	 齊陶 0250 □□再	 齊陶 0201 陳宴再□	
 新陶四齊 042 陳□再 □	 齊陶 0339 華門□棱再 左□毁(軌) 亭□	 夕續 512□ 再	 齊陶 0202 陳宴再立朔	

 夕續 515 再立	 夕續 130 陳屯再立事	 夕續 76 吉再	 夕續 69.2 陳榑再	 新陶四齊 043□□再巠(徑)
 夕續 516 再立	 夕續 355 再	 夕續 124.2 陳陞再	 夕續 70.1 陳榑再立	 集存 1・4 王孫陳棱再□□亭□
 夕續 517 再立	 夕續 358 再立	 夕續 125.2 陞再	 夕續 125.1 陳陞再	 夕續 40□再
 遺珍 158 陳旱(得)再	 夕續 514 再立	 夕續 363.2 再立事	 夕續 75 吉再立事	 夕續 42 陳猶再

玄	疐	爯		
齊	秦	秦	齊	
 新陶四齊326 玄	 秦陶 1547 咸鄏里疐  戎陶 003 咸鄏里疐	 新陶五秦240 爯	 齊陶 0683 楚郭巷關里爯  齊陶 0684 楚郭巷關里爯  集存 2・28 楚郭巷關里爯	 夕續 360 再立事  夕續 363.1 再立事

受	敖	予	兹	
齊	秦	晉	齊	秦
 齊陶 0311 受	 秦陶 2977 大田佐敖童 曰未	 新陶四韓 068 吕予	 齊陶 0578 丘齊辛里王 汩兹逨	 秦陶 2050 玄  秦陶 2463 玄

䯞*	死			敢
晋	秦	秦	燕	齊
 新陶四韓 040 䯞脽	 秦陶 1329 寺工毋死	 秦陶 1207 汧敢	 新陶四燕 015 左缶(陶)攻(工)敢	 齊陶 1228 不敢
 新陶四韓 041 䯞兑	 秦陶 1330 寺工毋死	 秦陶 1208 汧敢	 新陶四燕 028 倈敢故戠(賀)	 齊陶 1229 不敢
	 秦陶 1333 寺工毋死	 秦陶 1212 敢	 自怡. 敢	 新陶四齊 117 塙(高)�
			 集存 4・4 倈敢故戠(賀)	 新陶四齊 242 不敢

胠	肩	膏	脬	脾
秦	燕	齊	齊	秦
	㕡			
 新陶五秦441胠	 集存4·18右宮㕡(肩)	 齊陶0805蔓圆(陽)南里人膏	 齊陶1194衷(袶)子里脬	 秦陶182脾
 新陶五秦442胠		 齊陶0853蔓圆(陽)匋(陶)里人膏	 齊陶1195衷(袶)子里脬	
 新陶五秦445胠		 陶成5.05.218.1蔓圆(陽)匋(陶)里人膏	 齊陶1196衷(袶)子里脬	

膌	肖		脽	臂
晋	晋	晋	齊	秦
瘠				
 雙樓.瘠(膌)	 新陶四趙006 剕(半)匿塙卸(御)史肖宮(?)立觪(校)  内蒙.肖邦	 新陶四韓040 骷脽	 齊陶 0563 城圁(陽)脽	 塔圖 141 咸臣臂恒

胘　　　　　　　　　　　　　胡

齊			秦	晉
 齊陶 0927 繇巷大匋(陶)里胘	 秦陶 2403 左胡	 秦陶 1949 胡	 秦陶 1940 左胡	 新陶四趙 008 胡桲
	 秦拓.右胡	 秦陶 1957 左胡	 秦陶 1942 左胡	
		 秦陶 1958 胡	 秦陶 1943 左胡	
		 秦陶 1960 胡	 秦陶 1945 左胡	

胆	齎	胔	胥	脩
齊	燕	齊	秦	秦
臚				
 樂陶. 丘齊巷平里王臚(胆)	  木葉. □年□瘖兒齎  自怡. □瘖兒齎	 齊陶 0788 蔓圖(陽)南里人胔  齊陶 0789 蔓圖(陽)南里人胔  燕齊 242 蔓圖(陽)南里人胔	 秦陶 310 胥  新陶五秦 063 胥	 二晋 46 脩故婜  乾堂. 脩故婜

臙*　　膪*　　胔*

燕			齊	齊
膙				
 新陶四燕011 倈膙(臙)攱□	 陶成5.20.06.1 孟常匋(陶)里膪	 夕續52.1 陳膪	 遺珍153 陳膪	 齊陶0839 □□匋(陶)里人胔
 自怡.𢊁膙(臙)	 陶成5.20.06.1 孟常匋(陶)里膪	 夕續56 陳膪立	 遺珍155 膪	 齊陶0837 蔓圛(陽)匋(陶)里人胔
		 新陶四齊060 陳膪立	 齊陶1214 圛(陽)里人膪	 齊陶0838 蔓圛(陽)匋(陶)里人胔
		 集存2・33 孟常匋(陶)里膪	 集存2・14 昜里人膪	

刀	⿱次月*	⿰月畾*	⿱夭月*	⿰月衡*
齊	齊	齊	齊	齊
𠚣				
 齊陶 0977 賈里巷匋(陶)里𠚣(刀)  新陶四齊 355 齊大𠚣(刀)  新陶四齊 358 齊大𠚣(刀)  新陶四齊 358 齊大𠚣(刀)	 邾陶. ⿱次月	 齊陶 0984 塙(高)閭(閭)椇里曰⿰月畾  齊陶 0987 塙(高)閭(閭)椇里曰⿰月畾	 黍郡巷⿱夭月里王徇貽	 齊陶 0583 丘齊平里安⿰月衡

則	初		利	
秦	秦		秦	燕
 新陶五秦197瀘度量則	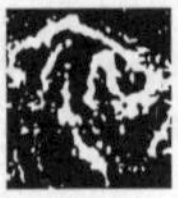 秦陶2977史曰初	 秦拓.右利	 秦陶2578利	 燕齊105利
 新陶五秦198瀘度量則			 秦陶2760利志	
 新陶五秦203瀘度量則			 新陶五秦236利	
 新陶五秦204則			 秦陶3149任巨利	

角	耤	⿰奠刂*	刑	
燕	秦	齊	燕	
			荆	
 新陶四燕184缶(陶)攻(工)角  陶賞14.2缶(陶)攻(工)角	 秦拓.咸耤姑瘳	 齊陶1393 ⿰奠刂	 新陶四燕010右缶(陶)攻(工)荆(刑)徒戒 “荆”,見《説文》井部。	 秦陶3360則不壹歉疑者

解　觸

	秦	晋		秦
		䑓		
	 秦陶 3351 蘇解爲	 新陶四韓 044 隉䑓 （觸）	 秦陶 2603 角	 秦陶 1900 角
		 新陶四魏 058 江䑓 （觸）	 秦陶 2614 角	 秦陶 1609 咸鄘里角
			 新陶五秦 226 角	 秦陶 2280 角
			 秦拓. 咸少 原角	 秦陶 2283 角

笴	簋	簡	筡
秦	西周	秦	晋
	毁		
 秦陶 123 咸陽笴	 新陶三 016 寶毁(簋)□乍	 新陶五秦 362 簡	 新陶四魏 059 筡□
		 新陶五秦 363 簡	

新出古陶文文字編卷五

丌　　其　　笞*　　笞*

齊	秦	晉	秦	秦
 齊陶 1394 丌	 秦陶 225 其	 新陶四晉 111 其陟	 秦陶 900 笞當	 新陶五秦 343 笞
 陶成 5.22.103.1 丌	 秦拓.其			

奠　　　異

齊	晋	秦		晋
 齊陶 0802 蒦圆(陽)南里人奠	 新陶四韓 050 彭巽	 新陶五秦 479 丌	 新陶四魏 002 中石丌異量牛	 集存 5・6 十亖(敦)中石丌異□□
 齊陶 0803 蒦圆(陽)南里人奠	 新陶四韓 088 巽	 秦陶 219 丌	 新陶四魏 062 丌(綦)母(毋)生	 集存 5・2 十亖(敦)中石丌異量牛
 鑒陶 024 蒦圆(陽)南里人奠				 集存 5・3 中石丌異量牛
 鑒陶 049 蒦圆(陽)南里人奠				 集存 5・8 丌或異量

		墓		
 齊陶 0087 墓昜(陽)陳 墓昜叁牽	 齊陶 0093 墓昜(陽)陳 墓昜叁朔	 齊陶 0089 墓昜(陽)陳 尋(得)叁亭	 齊陶 1382 莫	 齊陶 0931 □巷□匋 (陶)里莫
 齊陶 0088 墓昜(陽)陳 墓昜叁□	 齊陶 0094 墓昜(陽)陳 墓昜叁朔	 齊陶 0090 墓昜(陽)□ 墓昜□□		 集存 1・29 蒦圆(陽)南 里莫
 夕續 11.1 墓昜	 齊陶 0095 墓昜(陽)陳 墓昜叁膔	 齊陶 0092 □陳墓昜□		 集存 1・36 蒦圆(陽)南 里人莫
 夕續 12.1 墓□	 齊陶 0096 墓昜(陽)陳 墓昜叁□	 齊陶 0091 □陳□□□		 齊陶 1383 莫

左

		齊	秦	
 齊陶 0398 王卒左段(軌)城圖(陽)櫃里尘	 齊陶 0384 左酷(造)右床(庫)	 齊陶 0340 □門陳□再左里段(軌)亭釜	 秦陶 2993 奠亭	 夕續 12.2 墓□
 齊陶 0401 王卒左段(軌)城圖(陽)櫃里五	 齊陶 0385 左掌客亭	 齊陶 0344 陳棱再立事左里段(軌)亭釜		 夕續 13 墓昜陳□
 齊陶 0403 王卒左段(軌)城圖(陽)□里五	 齊陶 0393 王卒左段(軌)城圖(陽)櫃里尘	 齊陶 0353 □巷陳惼左段(軌)櫅均釜		 夕續 11.2 墓□
 齊陶 0407 王卒左段(軌)□圖(陽)北里五	 齊陶 0395 王卒左段(軌)城圖(陽)櫃里尘	 齊陶 0383 左酷(造)右床(庫)		

	燕			
 新陶四燕011十六年十一月左缶(陶)□	 自怡.左宫少敀	 新陶四齊067王卒左𣪘(軌)城圖(陽)𦿋里□	 齊陶0972左南郭巷辛匋(陶)里賹	 齊陶0408王卒左𣪘(軌)城圖(陽)櫎里五
 新陶四燕011左缶(陶)□□	 自怡.廿年六月左缶(陶)君(尹)	 集存1・1華門陳棱叁左里𣪘(軌)亭區	 齊陶0973左南郭巷辛匋(陶)里賹	 齊陶0410王卒左𣪘(軌)城圖(陽)櫎里五
 新陶四燕087左宫者坓(州)	 自怡.左缶(陶)强		 集存2・62左南郭巷辛匋(陶)里坴	 齊陶0411王卒左𣪘(軌)城圖(陽)櫎里五
 新陶四燕090左宫田左	 燕齊077左吴		 齊拓.左酷	 齊陶0412王卒左𣪘(軌)城圖(陽)櫎里五

	秦	晋		
 新陶五秦243 左	 秦拓. 左定	 新陶四平003 左�	 新陶四燕092 左宫蓄	 新陶四燕015 左缶(陶)攻(工)敢
 秦陶 553 左司歇瓦	 新陶五秦040 左宫	 新陶四平004 左匠	 集存 4・15 左缶(陶)攻(工)秦	 新陶四燕017 左缶(陶)倈湯
 秦陶 560 左水疕	 新陶五秦041 左司高瓦			 新陶四燕018 □年七月左缶(陶)君(尹)
 秦陶 627 麗山飤官左	 新陶五秦195 左十斗			 新陶四燕090 左宫田左

 秦陶 2786 左司	 秦陶 1981 左貝	 秦陶 1152 左司	 秦陶 1987 左試	 秦陶 690 左 司陘瓦
 秦陶 2011 左嘉	 秦陶 1514 左司歇瓦	 秦陶 1156 左水	 秦陶 999 左 水	 秦陶 694 左 司
	 秦陶 1811 左皎	 秦陶 1488 左司悁瓦	 秦陶 1125 左水	 秦陶 696 左 司
	 秦陶 2567 左試	 秦陶 1894 左試	 秦陶 1144 左穨	 秦陶 697 左 司

	燕	齊	西周	秦
 新陶四燕069缶(陶)工午	 新陶四燕062缶(陶)工坐	 新陶四齊328工	 新陶三01·009工	 戎陶044咸沙里差
 新陶四燕071缶(陶)工坐	 新陶四燕063缶(陶)工坐	 齊陶1256辛工		
 新陶四燕076缶(陶)工坐	 新陶四燕216缶(陶)工	 齊陶1402工		
 新陶四燕110缶(陶)工士	 新陶四燕220缶(陶)工得	 齊陶1404工		

晋				
 新陶四趙005司工	 燕齊020缶(陶)工	 新陶四燕232缶(陶)工	 新陶四燕238缶(陶)工	 新陶四燕115缶(陶)工乙
		 新陶四燕233缶(陶)工	 新陶四燕240缶(陶)工	 新陶四燕210缶(陶)工午
		 木葉.工	 自怡.缶(陶)工乙	 新陶四燕236缶(陶)工
		 燕齊023缶(陶)工	 自怡.缶(陶)工乙	 新陶四燕237缶(陶)工

巨

秦			秦	楚
 秦陶 1673 咸巨陽臣	 秦陶 1360 安邑工頭	 秦陶 932 頻陽工處	 秦陶 152 工既	 新陶四楚 002 工
 秦陶 1677 咸巨陽戲	 秦陶 3142 工	 秦陶 1218 茝陽工癸	 秦陶 286 工	
 秦陶 2514 咸巨陽鬲		 秦陶 1220 茝陽工癸	 秦陶 889 都船工疕	
 秦陶 3149 任巨利		 秦陶 1341 都共工洪	 秦陶 1309 宜陽工武	

甘

晉	齊			
 新陶四趙 020□甘	 齊陶 1362 甘	 秦拓.咸巨 陽戲	 秦陶 2678 咸巨陽巻	 秦陶 2667 咸巨陽巻
	 陶成 5.21. 131.1 甘士		 秦陶 2679 咸巨陽巻	 秦陶 2672 咸巨陽巻
			 秦陶 2680 咸巨陽巻	 秦陶 2674 咸巨陽巻
			 秦拓.咸巨 陽戲	 秦陶 2677 咸巨陽巻

曰　　甚匕*　　甚

	齊	齊	燕	秦
 新陶四齊125 蒦圖(陽)匋(陶)里曰戊	 新陶四齊118 塙(高)閱(間)棋里曰臧(臧)	 集存1·31 圖(陽)南里司馬甚匕	 新陶四燕245 甚愜	 秦陶918 甘
 新陶四齊312 曰	 燕齊176□閱(間)□里曰淖(潮)			 秦陶921 甘
 新陶四齊312 曰	 新陶四齊119 塙(高)闠(間)棋里曰淖(潮)			
 齊陶0693 關里□曰□	 新陶四齊120 塙(高)閱(間)棋里曰怙			

咼

秦	秦	晉		
 秦陶 1892 咼	 秦陶 2977 大良造庶長 游出命曰	 集存 5・9 □詒曰上	 齊陶 1183 子袶子里曰 宜乘	 齊陶 0983 塙(高)閭棋 里曰𦪇
	 秦陶 2977 卑司御不更 顝封之曰		 齊陶 1207 子袶子里人 曰縢	 齊陶 0985 塙(高)閭棋 里曰𦪇
	 秦陶 2977 大田佐敖童 曰未		 集存 3・3 子袶子里曰 臧(臧)	 齊陶 0992 塙(高)闖 (閭)棋里曰 臧(臧)
	 秦陶 2977 史曰初			 齊陶 1022 塙(高)闖 (閭)豆里人 匋(陶)者曰 垂

寧	乃		曹	沓
秦	秦	秦	齊	秦
 秦陶 1672 蟄寧	 秦陶 2977 乃爲瓦書	 秦拓.曹溫	 齊陶 0979 曹不忳	 秦拓.右沓
 秦陶 3251 寧秦	 秦陶 3353 乃詔丞相		 齊陶 0981 曹不忳	
 戎陶 027 咸 蟄期寧	 秦陶 3357 乃詔丞相		 齊陶 1243 曹□	
	 新陶五秦 197 乃詔丞 相狀綰			

號	奇			可
秦		秦	燕	齊
 新陶五秦197立號爲□□	 秦陶2701咸蒲里奇	 秦陶2691咸蒲里奇	 新陶四燕279奇	 齊陶1179孟棠(常)匋(陶)里可
 秦陶3356立號爲皇帝	 秦陶2703咸蒲里奇	 秦陶2697咸蒲里奇	 燕齊014□奇	
 新陶五秦202立號爲皇帝	 新陶五秦031咸蒲里奇	 秦陶2698咸蒲里奇		
 秦陶3376立號爲皇帝		 秦陶2700咸蒲里奇		

平　　　　　　于

齊	秦	齊	西周	
 齊陶 0072 平险(阾)陳㝵(得)	 秦陶 1679 咸市陽于	 齊陶 0896 中蒦圆(陽)里敦(淳)于向	 新陶三 01.015 宀㸒于	 秦陶 3358 立號爲□□
 齊陶 0074 平险(阾)陳㝵(得)		 新陶四齊 124 蒦圆(陽)匋(陶)里敦(淳)于旅□		 秦陶 3370 □號□□□
 齊陶 0077 平□陳□				
 齊陶 0078 平险(阾)□□				

秦	晉			
 秦陶 1445 平陽驛	 新陶四韓 120 平陽	 集存 3・25 丘齊平里穴 迪	 齊陶 0332 平陵陳导 (得)不弜 (强)王釜	 齊陶 0079 平险(阾)陳 导(得)
 秦陶 1703 咸沃平貪		 齊陶 0583 丘齊平里 安(安)膌	 齊陶 0352 平門内陳賫 左里毁(軌) 亭區	 齊陶 0080 平险(阾)□ □
 秦陶 1704 咸沃平貪		 夕續 21 平 □	 齊陶 0575 丘齊平里王 厍奭	 齊陶 0276 平昜(陽)廩
 秦陶 1705 咸沃平貪		 陶成 5.03. 30.1 丘齊平 里郭癸	 齊拓.丘齊 平里穴迪	 齊陶 0277 平昜(陽)市 □

喜　旨

		喜	旨	
		齊	楚	齊
 齊陶 0042 北郭陳喜丁	 齊陶 0038 北郭陳喜僕	 新陶四齊 030 北郭□ 喜	 新陶四楚 011 旨	 齊陶 0902 中蒦圜(陽) 里馬敍旨
 齊陶 0043 北郭陳喜丁	 齊陶 0039 北郭陳喜丁	 齊陶 0027 北郭陳喜繮		
 齊陶 0046 北郭陳喜粇	 齊陶 0040 北郭陳喜丁	 齊陶 0028 北郭陳喜繮		
 陶成 5.05. 284.1 中蒦 圜(陽)王喜	 齊陶 0041 北郭陳喜丁	 齊陶 0029 □郭陳喜繮		

憙

秦			秦	
 秦陶 2513 咸高里憙	 集存 6・16 咸芮里	 秦陶 2481 咸芮里喜	 秦陶 2345 咸芮里喜	 齊陶 0033 北郭陳喜僕
 秦陶 2515 咸高里憙		 秦拓.咸芮 里喜	 秦陶 2346 咸芮里喜	 齊陶 0048 北郭陳喜
		 秦拓.咸隱 里喜	 秦陶 1926 咸芮里喜	 齊陶 0053 □□陳喜□
		 鑒陶 056 咸 芮里喜	 集存 6・4 咸亭陽 喜器	 齊陶 0058 北郭陳喜□

彭	壴			
晉			秦	燕
 新陶四韓046 彭余	 秦陶2142 壴	 秦陶2130 壴	 秦陶1080 宮水壴	 燕齊069 二壴
 新陶四韓049 彭巽	 秦陶2809 宮水壴	 秦陶2131 壴	 秦陶2127 壴	 自怡.二壴
 新陶四韓050 彭巽		 秦陶2132 壴	 秦陶2128 壴	
		 秦陶2133 壴	 秦陶2129 壴	

嘉

				秦
 秦陶 2487 嘉	 秦陶 2386 左嘉	 秦陶 2018 嘉	 秦陶 2011 左嘉	 秦陶 1946 左嘉
	 秦陶 2389 嘉	 秦陶 2023 嘉	 秦陶 2012 嘉	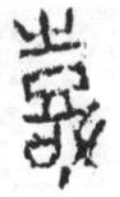 秦拓.嘉
	 秦陶 2390 左嘉	 秦陶 2207 嘉	 秦陶 2013 嘉	 秦陶 1950 左嘉
	 秦陶 2486 左嘉	 秦陶 2383 左嘉	 秦陶 2017 左嘉	 秦陶 2008 右嘉

豆

				齊
 齊陶 1028 豆里人郯□	 齊陶 0869 匋(陶)里人臧(臧)之豆	 齊陶 0382 王豆	 齊陶 0369 公豆	 齊陶 0330 痯者陳导(得)再左里毀(軌)亭豆
 齊陶 1032 豆里曰土	 齊陶 0871 匋(陶)里人臧(臧)之豆	 齊陶 0435 □□櫷里淖(潮)豆	 齊陶 0371 公豆	 齊陶 0331 痯者陳导(得)再左里毀(軌)亭豆
 齊陶 1033 豆里□五	 齊陶 1025 塙(高)閭豆里人匋(陶)者曰遫	 齊陶 0437 城圖(陽)櫷里淖(潮)豆	 齊陶 0372 公豆	 齊陶 0346 華門陳棱叁左里□□豆
 齊陶 1034 豆里疾目	 齊陶 1026 塙(高)閩(閭)豆里人匋(陶)者曰□	 齊陶 0546 城圖(陽)土豆	 齊陶 0373 公豆	 齊陶 0368 公豆

 齊陶 1091 豆里尘	 齊陶 1070 豆里圙(固)	 齊陶 1055 豆里安	 齊陶 1050 豆里导(得)	 齊陶 1037 豆里导(得)
 齊陶 1092 豆里尘	 齊陶 1085 豆里尘	 齊陶 1058 豆里安	 齊陶 1052 豆里导(得)	 齊陶 1038 豆里导(得)
 齊陶 1093 豆里尘	 齊陶 1089 豆里尘	 齊陶 1061 豆里安	 齊陶 1053 豆里导(得)	 齊陶 1039 豆里导(得)
 集存 3・46 王豆	 齊陶 1090 豆里尘	 齊陶 1065 豆里圙(固)	 齊陶 1054 豆里导(得)	 齊陶 1045 豆里导(得)

齊陶 1095
豆里坐

齊陶 1097
豆里坐

齊陶 1102
豆里賹

齊陶 1108
豆里賹

齊陶 1113
豆里賹

齊陶 1118
豆里賹

齊陶 1125
豆里趣

齊陶 1126
豆里趣

齊陶 1137
豆里五

齊陶 1138
豆里七

齊陶 1151
豆里乘

齊陶 1152
豆里乘

齊陶 1156
豆里尚

齊陶 1160
豆里□

齊陶 1161
豆里鮏

齊陶 1162
豆里鮏

齊陶 1167
豆里乙

齊陶 1168
豆里□

齊陶 1172
豆里□

齊陶 1246
有終豆

<table>
<tr><td></td><td></td><td></td><td></td><td></td></tr>
<tr><td></td><td></td><td></td><td></td><td></td></tr>
<tr>
<td>
新陶四齊
212 豆里賹</td>
<td>
新陶四齊
185 城圔
(陽)欌里淖
(潮)豆</td>
<td>
新陶四齊
014 公豆</td>
<td>
齊陶 1395
豆</td>
<td>
齊陶 1247
又終豆</td>
</tr>
<tr>
<td>
新陶四齊
213 豆里□</td>
<td>
新陶四齊
209 豆里賹</td>
<td>
新陶四齊
015 公豆</td>
<td>
齊陶 1396
豆</td>
<td>
齊陶 1248
又終豆</td>
</tr>
<tr>
<td>
新陶四齊
216 豆里导
(得)</td>
<td>
新陶四齊
210 豆里[illegible]
(固)</td>
<td>
新陶四齊
016 公豆</td>
<td>
新陶四齊
012 公豆</td>
<td>
齊陶 1249
辛豆</td>
</tr>
<tr>
<td>
新陶四齊
217 豆里良</td>
<td>
新陶四齊
211 豆里貞</td>
<td>
新陶四齊
179 城圔
(陽)土豆</td>
<td>
新陶四齊
013 公豆</td>
<td>
齊陶 1251
[illegible]氏圔(陽)
[illegible]豆</td>
</tr>
</table>

 集存 1・9 亭豆	 陶選 0185 公豆	 燕齊 134 公 豆	 新陶四齊 227 豆□賹	 新陶四齊 220 豆里圝 (固)
 集存 3・41 公豆	 陶選 0142 豆里导(得)	 燕齊 143 公 豆	 新陶四齊 229 豆里賹	 新陶四齊 223 豆里导 (得)
 集存 3・16 豆里賹	 陶選 0140 豆里安	 燕齊 398 豆 里坓	 新陶四齊 230 豆里疾 目	 新陶四齊 225 豆里人 郯
 陶成 1.007 .2 王豆	 集存 1・7 昌櫅陳圝 (固)南左里 𣪘(軌)亭區	 陶選 0188 公豆	 新陶四齊 231 豆里圝 (固)	 新陶四齊 226 豆里鮏

虒	虎	虘	豊	
秦	秦	秦	晋	
 秦拓.咸鼍下虒	 秦陶 1880 虎	 秦陶 1132 新城如虘	 新陶四平 017 司寇豊	 陶成 1.017 .1 右毁(軌)□豆
		 秦陶 1184 新城□虘		 集存 3・57 迺豆

盡		盆		盧*
	秦	燕		齊
 秦陶 3375 □□盡并兼 天下諸矦	 秦陶 3365 皇帝盡并兼 □□□□	 璽陶 017 盆	 新陶四齊 048 陳不盧	 齊陶 0208 陳不盧
 秦陶 3401 □帝盡并兼 □□□□	 秦陶 3356 □□盡并兼 天下諸矦		 夕續 90.1 □□盧立事	 齊陶 0209 陳不盧
 秦陶 3408 □帝盡并兼 天下□□	 秦陶 3366 皇帝盡并兼 □□□□			 遺珍 151 陳不盧
 新陶五秦 197□□盡 并兼天下諸 矦	 秦陶 3367 □□盡□□ □□□□			 新陶四齊 047□不盧

丹　　血　　去

齊	齊	秦	齊	
			迲	
 齊陶 1230 丹□  齊陶 1232 丹□  齊陶 1233 丹□  齊陶 1234 丹□	 齊陶 1413 血	 秦陶 1439 博昌去疾	 齊陶 1257 陳迲(去)疾器	 新陶五秦 199 皇帝盡并兼

井　　青

燕	齊	燕	秦	
 集存 4・30 缶(陶)人井	 齊陶 1424 井	 木葉.青	 新陶五秦 013 咸亭完 里丹器  新陶五秦 014 咸亭完 里丹器	 新陶四齊 126 蒦圆 (陽)匋(陶) 里人丹

飤	飯	即		
秦	齊	晉	齊	秦
 秦陶 623 麗山飤官右	 齊陶 1180 子絳子西里人爲公飯豆者	 新陶四趙 010 事即恣	 齊陶 0787 蒦圆(陽)南里人即	 新陶五秦 218 井
 秦陶 624 麗山飤官		 新陶四趙 011 事即恣		 新陶五秦 235 井
 秦陶 625 麗山飤官右				
 秦陶 627 麗山飤官左				

倉	會	舍	餔*	
晉	晉	秦	齊	
 新陶四韓 016 右倉	 新陶四平 029 會臣	 秦陶 2253 舍	 陶成 5.22.043.1 餔	 秦陶 628 麗山飤官右
	 新陶四平 032 會□	 秦陶 2255 舍		
		 秦陶 2599 舍		
		 秦拓.舍		

内　　入

秦	齊	齊		秦
 秦陶 3352 將行內者	 齊陶 0352 平門內陳賫左里𣪘(軌)亭區	 新陶四齊 319 入	 秦陶 596 都倉	 秦陶 591 都倉
			 秦陶 2480 咸故倉均	 秦陶 592 都倉
			 集存 6・2 咸亭右里倉器	 秦陶 593 都倉
				 秦陶 594 都倉

缶

				燕
 新陶四燕 107 左缶 (陶)攻(工) 丑	 新陶四燕 024 缶(陶) 攻(工)依	 新陶四燕 013 左缶 (陶)倈□敀 瑩	 新陶四燕 010 右缶 (陶)攻(工) 刑徒戒	 新陶四燕 001 缶(陶) 攻(工)悁
 新陶四燕 109 士缶 (陶)乙	 新陶四燕 025 右缶 (陶)攻(工) □	 新陶四燕 015 左缶 (陶)攻(工) 敢	 新陶四燕 038 右缶 (陶)攻(工) 徒	 新陶四燕 001 右缶 (陶)君(尹) 鑪疋器鍴 (瑞)
 新陶四燕 113 缶(陶) 攻(工)遫	 新陶四燕 026 右缶 (陶)攻(工)	 新陶四燕 017 十六年 左缶(陶)倈 湯敀□	 新陶四燕 012□年正 月右缶(陶) 君(尹)	 新陶四燕 005 右缶 (陶)攻(工) 湯
 新陶四燕 117 缶(陶) 攻(工)賬	 新陶四燕 027 缶(陶) 攻(工)乘	 新陶四燕 019 缶(陶) 攻(工)依	 新陶四燕 007 廿一年 八月右缶 (陶)君(尹)	 新陶四燕 010 十六年 九月右缶 (陶)君(尹)

 新陶四燕220缶(陶)工得	 新陶四燕203缶(陶)攻(工)眗	 新陶四燕136缶(陶)攻(工)昌	 新陶四燕199缶(陶)攻(工)	 新陶四燕114缶(陶)攻(工)依
 新陶四燕192缶(陶)攻(工)士	 新陶四燕215缶(陶)工	 新陶四燕137缶(陶)攻(工)昌	 新陶四燕200缶(陶)攻(工)夋(鞭)	 新陶四燕119缶(陶)攻(工)牛
 新陶四燕222缶(陶)午	 新陶四燕072缶(陶)□	 新陶四燕060缶(陶)午	 新陶四燕202缶(陶)攻(工)□	 新陶四燕134缶(陶)攻(工)昌
 新陶四燕223缶(陶)午	 新陶四燕228缶(陶)乙	 新陶四燕146缶(陶)攻(工)	 新陶四燕211缶(陶)工午	 新陶四燕104左缶(陶)攻(工)□

 自怡.右缶(陶)張	 新陶四燕238缶(陶)工	 新陶四燕233缶(陶)工	 新陶四燕160缶(陶)攻(工)得	 新陶四燕224缶(陶)坐
 自怡.缶(陶)攻(工)信	 新陶四燕240缶(陶)工	 新陶四燕236缶(陶)工	 新陶四燕074缶(陶)攻(工)□	 新陶四燕226缶(陶)让(上)
 自怡.缶(陶)工乙	 自怡.左缶(陶)强	 新陶四燕237缶(陶)工	 新陶四燕077缶(陶)□	 新陶四燕193缶(陶)攻(工)士
 自怡.十七年二月右缶(陶)君(尹)	 集存4·27右缶(陶)逄	 新陶四燕123缶(陶)攻(工)士	 新陶四燕144缶(陶)攻(工)士	 新陶四燕151缶(陶)攻(工)□

	晋			
 集存5・49 缶(陶)同	 新陶四趙 038缶(陶) □	 集存4・31 缶(陶)人 	 燕齊027缶 (陶)工乙	 自怡.缶(陶) 工乙
	 鑒陶009 缶(匋)山		 自怡.□月 左缶(陶)肴 (尹)	 燕齊019缶 (陶)攻(工)
	 集存5・38 缶(陶)山		 集存4・4 十八年四月 右缶(陶)肴 (尹)	 燕齊002十 七年十二月 右缶(陶)肴 (尹)
	 集存5・38 缶(陶)山		 集存4・15 左缶(陶)攻 (工)秦	 燕齊023缶 (陶)工

匋

		齊		秦
 集存 1・21 繇巷中匋(陶)里僕	 新陶四齊 079 繇巷中匋(陶)里僕	 齊陶 0821 蒦圆(陽)匋(陶)里者	 秦陶 3125 北園吕氏缶容十斗	 秦陶 3121 隱成吕氏缶容十斗
 新陶四齊 153 大蒦圆(陽)匋(陶)者忑	 齊陶 0869 匋(陶)里人臧(臧)之豆	 齊陶 0880 大蒦圆(陽)匋(陶)者盜	 秦陶 3145 楊氏缶容十斗	 秦陶 3122 隱成吕氏缶容十斗
 新陶四齊 140 大蒦圆(陽)匋(陶)者忑	 齊陶 0937 繇巷大匋(陶)里犬	 齊陶 0882 大蒦圆(陽)匋(陶)者盜		 秦陶 3123 隱成吕氏缶容十斗
 新陶四齊 152 大蒦圆(陽)匋(陶)者忑	 新陶四齊 071 繇巷大匋(陶)里□□	 新陶四齊 151 大蒦圆(陽)匋(陶)者盜		 秦陶 3124 北園吕氏缶容十斗

 齊陶 0772 蒦圆(陽)南里匋(陶)者鮏	 齊陶 0867 蒦圆(陽)匋(陶)里曰戊	 齊陶 0842 蒦圆(陽)匋(陶)里人造	 齊拓.中蒦圆(陽)里匋(陶)漸	 齊陶 0846 蒦圆(陽)匋(陶)里人乘
 齊陶 0946 大匋(陶)里	 齊陶 0868 蒦圆(陽)匋(陶)里曰戊	 齊陶 0828 蒦圆(陽)匋(陶)里人□	 齊陶 0892 中蒦圆(陽)里匋(陶)漸	 齊陶 0850 蒦圆(陽)匋(陶)里人睪(瞿)
 齊陶 1239 圆(陽)里匋(陶)晋	 齊陶 0837 蒦圆(陽)匋(陶)里人齮	 齊陶 0829 蒦圆(陽)匋(陶)里人達	 齊陶 0972 左南郭巷辛匋(陶)里賹	 齊拓.蒦圆(陽)匋(陶)里人睪
 齊陶 0947 大匋(陶)□□	 燕齊 275 蒦圆(陽)匋(陶)里人戊	 齊陶 0822 蒦圆(陽)匋(陶)里人窹	 齊陶 0818 蒦圆(陽)匋(陶)里人导(得)	 齊陶 1022 塙(高)閭豆里人匋(陶)者曰垂

	晉			
 新陶四魏022 匋(陶) 晅	 新陶四魏016 匋(陶) 相	 陶成 5.05.168.1 蒦圖(陽)匋(陶)里忎	 鑒陶 025 蒦圖(陽)匋(陶)里曰戝	 燕齊 271 蒦圖(陽)匋(陶)里人孨
 新陶四魏023 匋(陶) 息	 新陶四魏018 匋(陶) 相	 齊拓.賈巷匋(陶)里人恣	 集存 1・51 蒦圖(陽)匋(陶)里人	 鑒陶 034 蒦圖(陽)匋(陶)里人隨
 新陶四魏024 匋(陶) 旃	 新陶四魏020 匋(陶) 雩	 集存 3・55 余匋王□	 集存 2・56 匋(陶)救	 鑒陶 048 蒦圖(陽)匋(陶)里人造
 新陶四魏025 匋(陶) 柅(楚)	 新陶四魏021 匋(陶) 雩	 陶成 5.03.71.1 辛匋(陶)里坣	 集存 2・35 孟常匋(陶)里人均	 鑒陶 053 蒦圖(陽)匋(陶)里人造

 鑒陶 008 匋（陶）義	 新陶四魏 043 匋（陶）佀	 新陶四魏 035 匋（陶）息	 二晋 36 匋（陶）山	 新陶四魏 026 匋（陶）□
 鑒陶 010 匋（陶）□	 新陶四魏 054 匋（陶）臧（臧）瓶	 新陶四魏 036 匋（陶）息	 新陶四魏 032 匋（陶）息	 新陶四魏 028 匋（陶）談
 鑒陶 014 匋（陶）息	 鑒陶 005 匋（陶）丁	 新陶四魏 038 匋（陶）紹	 二晋 39 匋（陶）旃	 新陶四魏 029 匋（陶）公
 鑒陶 015 匋（陶）朔	 鑒陶 006 匋（陶）州	 新陶四魏 042 匋（陶）朔	 新陶四魏 034 匋（陶）息	 新陶四魏 030 匋（陶）女

 集存5·34 匋(陶)茍	 集存5·23 匋(陶)鄗	 集存5·18 匋(陶)馬 重(童)	 集存5·40 匋(陶)慫	 鑒陶001匋 (陶)朔
 集存5·52 匋(陶)朔	 集存5·25 匋(陶)息	 集存5·19 匋(陶)處	 集存5·40 匋(陶)慫	 鑒陶002匋 (陶)相
 集存5·53 匋(陶)州	 集存5·27 匋(陶)均	 集存5·20 匋(陶)勻	 集存5·41 匋(陶)紹	 鑒陶003匋 (陶)息
 集存5·56 匋(陶)耳	 集存5·33 匋(陶)女	 集存5·22 匋(陶)□	 集存5·43 匋(陶)義	 集存5·39 匋(陶)壬

矦　　蹭

		秦	晋	
 秦陶 3356 天下諸矦	 秦陶 2276 矦	 秦陶 2272 矦	 新陶四韓 031 里蹭	 集存 5・37 匋(陶)参
 秦陶 3359 天下諸矦	 秦陶 2277 矦	 秦陶 2273 矦		 集存 5・50 匋(陶)同
 秦陶 3368 □□諸矦	 秦陶 2278 矦	 秦陶 2274 矦		 集存 5・36 匋(陶)参
 秦陶 3370 □□□矦	 秦陶 3353 天下諸矦	 秦陶 2275 矦		 集存 5・36 匋(陶)参

高

燕		齊		
 新陶四燕049廿七年□生高	 步黟堂.東酷里高痦	 齊陶1014高閱(閭)丁  齊陶1018高閱(閭)丁  齊陶1019高閱(閭)丁高  齊陶1016高閱(閭)丁	 新陶五秦207天下諸矦	 秦陶3375天下諸矦  秦陶3393□□諸矦  新陶五秦198天下諸矦  新陶五秦206天下諸矦

			秦	晉
			⿱高上	⿱高上
 秦陶 547 左司高瓦	 洛陽 3・5 高	 新陶五秦 041 左司高瓦	 秦陶 203 高 贅加義符“上”。	 内蒙. 司□高 贅加義符“上”。
 秦陶 2994 高市	 陶賞 8・2 咸生賁高	 戎陶 013 咸郚里高		
 秦陶 966 左司高瓦	 秦陶 110 咸陽高	 秦拓. 高市		
 秦陶 971 左司高瓦	 秦陶 292 高	 新陶五秦 306 高		

亭

		齊		
 齊陶 0340 □門陳□再左里𣪘(軌)亭釜	 齊陶 0330 痣者陳导(得)再左里𣪘(軌)亭豆	 齊陶 0019 陳怛亭 或釋爲“京”	 秦陶 2515 咸高里意	 秦陶 1459 左司高瓦
 齊陶 0342 □門陳棱再左里𣪘(軌)亭釜	 齊陶 0336 華門陳棱再左里𣪘(軌)亭釜	 齊陶 0021 □怛亭	 秦陶 2687 咸沃里高	 秦陶 1626 咸郍里高
 齊陶 0344 陳棱再立事左里𣪘(軌)亭釜	 齊陶 0338 華門陳棱再左里𣪘(軌)亭釜	 齊陶 0022 陳怛亭	 秦陶 2688 咸廣里高	 秦陶 1839 咸高里昌
 齊陶 0345 華門陳棱再左里𣪘(軌)亭釜	 齊陶 0339 華門□棱再左□𣪘(軌)亭□	 齊陶 0089 奠昜(陽)陳导(得)叁亭		 秦陶 2513 咸高里意

	秦	晋		
 新陶五秦 017 咸亭黄棘廖器	 秦陶 3322 亭久	 新陶四韓 020 亭□	 集存 1・1 華門陳棱叁左里㲃(軌)亭區	 齊陶 0348 昌檲陳圕(固)南左㲃(軌)亭區
 新陶五秦 014 咸亭完里丹器	 秦陶 3323 亭久	 新陶四韓 022 亭忻	 集存 1・3 王□□棱右均亭釜	 齊陶 0352 平門內陳賫左里㲃(軌)亭區
 新陶五秦 080 降亭	 集存 5・16 邯亭	 新陶四韓 023 亭謑	 集存 1・9 亭豆	 齊陶 0385 左掌客亭
 新陶五秦 083 降亭	 集存 5・16 邯亭	 新陶四韓 024 亭□		 新陶四齊 050 王孫陳棱叁右□亭釜

 秦陶 3020 麗亭	 新陶五秦 187 亭	 新陶五秦 185 亭	 新陶五秦 129 降亭	 新陶五秦 079 降亭
 秦陶 3243 亭□	 新陶五秦 171 臨菑亭久	 新陶五秦 150 邯鄲亭	 新陶五秦 130 降亭	 新陶五秦 098 降亭
 秦陶 3299 亭	 秦陶 1136 夾亭	 新陶五秦 151 邯亭	 新陶五秦 131 降亭	 新陶五秦 133 降亭
 秦陶 3301 阿亭	 新陶五秦 162 菑亭	 新陶五秦 165 菑	 新陶五秦 145 降亭	 新陶五秦 134 降亭

市

	齊			
	坊			
 陶賞 5·2 大市禝月	 齊陶 0277 平昜(陽)市□	 三門峽.市亭	 秦陶 3315 犛亭	 秦陶 3303 雒亭
 陶成 1.067.1 大市十月	 齊陶 0355 不帮市鋻		 秦陶 3321 亭久	 秦陶 3308 犛亭
 集存 3·34 大市九月	 齊陶 0356 不帮市鋻		 集存 6·1 咸亭商里羅器	 秦陶 3310 美亭
 集存 3·38 郯市	 齊陶 0357 □□大市		 鑒陶 055 咸亭商里羅器	 秦陶 3312 美亭

	晉	燕		
	坊		師	
 集存 5·13 業(鄴)市	 新陶四魏 001 淇□市斗臾(㪷)璽	 新陶四燕 048□□市王勹	 齊陶 1456 師	 集存 3·35 大市汄月
 鑒陶 012 市	 新陶四魏 002 業(鄴)市	 樂陶.左市攻建		
 集存 5·11 市	 新陶四魏 008 業(鄴)市			
 集存 5·11 市	 新陶四魏 012 業(鄴)市			

𩫏　　尢

齊	秦		秦	
郭				
 新陶四齊097楚郭巷蔵里□	 新陶五秦408尢	 三門峽.陝市	 新陶五秦182陝市	 二晋1業(鄴)市斗
 新陶四齊099□郭□蔵里□		 秦陶3235雲市	 新陶五秦183都市	 樂陶.郛市
 齊陶0597楚郭巷蔵里峒		 秦陶3339市	 新豐.櫟市	
 齊陶0595楚郭巷蔵里峒			 秦陶2893杜市	

 齊陶 0653 楚郭巷櫂里□	 齊陶 0046 北郭陳喜杋	 齊陶 0031 北郭陳喜僕	 集存 2・19 楚郭巷櫂里㺩	 新陶四齊 102 楚郭巷關里旦
 齊陶 0658 □郭巷□□汸艸	 齊陶 0032 北郭陳喜僕	 齊陶 0027 北郭陳喜繮	 集存 2・27 楚郭巷關里艸	 齊陶 0623 楚郭巷櫂里鹿
 集存 2・26 楚郭巷關里減	 齊陶 0039 北郭陳喜丁	 齊陶 0033 北郭陳喜僕	 齊拓. 楚郭巷櫂里迨	 新陶四齊 101 楚郭巷關里旦
 陶成 5.03.30.1 丘齊平里郭癹	 新陶四齊 018 王區豆里郭	 新陶四齊 030 北郭□喜杋	 鑒陶 033 楚郭巷櫂里㺩	 齊陶 0645 楚郭巷櫂里㣧

就		京		
秦	楚	秦	晉	秦
	𩫏			
 秦陶 1574 咸郦里就  秦陶 1824 咸郦里就  秦陶 3255 就  秦拓. 就	 新陶四楚 008 鐪(鐘) 郻(離)𩫏 (亭)鉨	 秦陶 2611 京	 新陶四韓 021 京厚	 新陶五秦 045 春陽郭 氏

良　　辜

	齊	晉	商	
 燕齊 420 豆里良	 齊陶 1157 豆里良	 新陶四韓 026 辜(淳)係	 新陶二 036 □公万辜(敦)闢乍(作)父辛尊彝	 秦拓.咸鳌期就
	 齊陶 1158 豆里良	 新陶四韓 027 辜(淳)沽		 新陶五秦 328 就
	 齊陶 1159 豆里良	 樂陶.辜		 新陶五秦 413 就
	 新陶四齊 217 豆里良			 二秦 41 就

	來		亩	
	齊	燕	齊	秦
	逨		稟	
 齊陶 0578 丘齊辛里王 汩茲逨	 夕續 79.1 陳逨	 新陶四燕 042 亩城都 王勹鍴(瑞)	 齊陶 0276 平昜(陽)稟 (廩)	 秦陶 2977 大良造
	 夕續 80.2 陳逨淺立		 陶成 5.22. 070.1 稟 (廩)	 新陶五秦 450 良
	 夕續 81.2 逨□		 陶成 5.22. 070.2 稟 (廩)	 新陶五秦 451 良
	 夕續 82.3 逨淺立事			

致

	秦	秦	晉	
			⿱來土	徠
 秦陶 2977 周天子使卿大夫辰來致文武之酢	 秦陶 1542 咸酃里致  秦陶 1543 咸酃里致  秦陶 1544 咸酃里致  秦陶 2718 咸酃里致	 秦陶 2977 周天子使卿大夫辰來致文武之酢	 新陶四韓 025 廿一年以來	 陶成 5.03.07.1 丘齊炶里徠

久　　　　　　　　　　　　夏

	秦	燕		齊
 新陶五秦 173 臨菑亭久	 新陶五秦 001 咸陽亭久	 步黟堂. 夏猬	 遺珍 161 陳夏	 齊陶 0194 陳夏
 新陶五秦 174 亭久	 新陶五秦 003 咸陽亭久		 夕續 71 陳夏	 齊陶 0195 陳夏
	 新陶五秦 004 咸陽亭久		 齊拓. 豆里繮夏	 齊陶 0197 陳夏
	 新陶五秦 171 臨菑亭久			 齊陶 0957 繇巷東酷里夏

乘

秦	燕			齊
 秦陶 1219 莅陽工乘	 新陶四燕 027 缶(陶)攻(工)乘	 齊陶 1183 子袶子里曰宜乘	 齊陶 1152 豆里乘	 齊陶 0582 丘齊辛里乘
 秦陶 2585 乘		 燕齊 428 蔵里乘	 齊陶 1153 豆里乘	 齊陶 0585 炶里乘
 秦陶 2819 乘		 集存 3・31 炶里乘	 齊陶 1154 豆里乘	 齊陶 0846 蒦圆(陽)匋(陶)里人乘
		 集存 1・52 蒦圆(陽)匋(陶)里人乘	 齊陶 1182 子袶子里曰宜乘	 齊陶 1151 豆里乘

新出古陶文文字編卷六

木

齊

齊陶 1391 木

新陶四齊 327 木

晉

新陶四晉 105 木

秦

新陶五秦 214 木

杏

秦

秦陶 298 杏

杜 亲 李

		秦	秦	秦
 秦陶 2889 杜市	 秦陶 2870 杜亭	 秦陶 2977 取杜才酆邱到潏水	 新陶五秦 269 亲	 新陶五秦 232 李□
 秦陶 2890 杜市	 秦陶 2868 杜亭	 秦陶 1303 杜秦	 新陶五秦 270 亲	 新豐.□陽 李侈
 秦陶 2907 杜市	 秦陶 2888 杜市	 秦陶 1304 杜徐		 西安圖 209 李氏九斗
 秦陶 2925 杜氏	 秦陶 2947 杜亭	 秦陶 1658 杜亭		

楊　　檹　　梓

秦	齊	齊	秦	
 秦陶 919 楊工穨	 齊陶 0812 蒦圆(陽)楊里人不前	 齊陶 0348 昌檹陳圑(固)南左段(軌)亭區	 秦拓. 咸梓里邦	 秦陶 2953 杜亭
 秦陶 1441 楊民居貲	 齊拓. 楊里□□	 齊陶 0349 昌檹陳圑(固)南左段(軌)亭區		 新豐. 杜市
 秦陶 1443 楊氏居貲武德公士契必	 集存 2・11 蒦圆(陽)楊里人不□	 齊陶 0350 昌檹陳圑(固)南右段(軌)亭釜		
 秦陶 1389 楊	 陶成 5.05.059.1 蒦圆(陽)楊里賠	 齊陶 0388 昌檹陳圑(固)南左段(軌)亭區		

櫟	枳	梬	柳	
秦	齊	秦	秦	
 新豐.櫟市	 樂陶.陳枳尚	 秦陶 1138 梬邑書	 秦陶 1377 咸亭當柳昌器	 秦陶 1390 楊
 秦陶 110 櫟陽重	 樂陶.枳	 秦陶 2003 梬邑書	 秦陶 2619 咸亭當柳恚器	 秦陶 2997 楊
 秦陶 3252 櫟市				 秦陶 3145 楊氏缶容十斗

朱		樹	某	榆
燕	晉	齊	秦	秦
		梪		
 陶選 0051 朱	 新陶四平 003 桓	 齊陶 1449 梪(樹)	 秦陶 1584 咸鄏里某	 秦陶 1435 贛榆
		尌		
		 齊拓. 上焅里樹		

楨　　枯　　枚

	齊	秦	秦	晋
 燕齊 407 豆里楨	 齊陶 1142 豆里楨	 新陶五秦 290 枯	 秦陶 1663 咸重成枚	 新陶四韓 082 朱
 陶成 5.19.44.3 豆里楨	 齊陶 1144 豆里楨		 秦拓.咸少原枚	
	 齊陶 1145 豆里楨			
	 齊陶 1146 豆里楨			

柤	杲		榑	柝
齊	秦		齊	齊
欌				柁
 齊陶 0390 □□左毆(軌)城圖(陽)欌里坣  齊陶 0397 王卒左毆(軌)城圖(陽)欌里坣  齊陶 0431 城圖(陽)欌里坣  齊陶 0432 □□欌里坣	 秦陶 1583 咸郿里杲  秦陶 1829 咸郿里杲	 夕續 70.2 陳榑叁  夕續 70.1 陳榑  齊陶 0211 榑	 夕續 67.2 陳榑  夕續 68 陳榑  夕續 69.1 陳榑立事歲  夕續 69.2 陳榑再立	 齊陶 0982 清巷陳柁(柝)

料

秦				
		櫝		
 秦陶 2644 料	 齊陶 0653 楚郭巷櫝里 □	 齊陶 0623 楚郭巷櫝里 鹿	 新陶四齊 186 城圁 (陽)櫝里淖 (潮)豆	 齊陶 0433 城圁(陽)櫝 里淖(潮)豆
	 集存 2・19 楚郭巷櫝里 □	 齊陶 0645 楚郭巷櫝里 忻	 鑒陶 040 城 圁(陽)櫝里 淖(潮)豆	 齊陶 1218 櫝里昌
	 集存 2・17 楚郭巷櫝里 □	 鑒陶 019 楚 郭巷櫝里豴	 鑒陶 028 城 圁(陽)櫝里 坣	 新陶四齊 187 櫝里坣
	 齊陶 0621 楚郭巷櫝里 鹿	 鑒陶 035 楚 郭巷櫝里□	 集存 3・9 城圁(陽)櫝 里淖(潮)豆	 新陶四齊 185 城圁 (陽)櫝里淖 (潮)豆

析	棱	朾	校	樂
燕	齊	秦	秦	秦
 自怡.析	 齊陶 0336 華門陳棱再 左里毁(軌) 亭釜	 秦陶 1847 咸朾	 秦陶 2565 右校	 秦陶 2938 樂定王氏九 斗
	 齊陶 0339 華門□棱再 左□毁(軌) 亭□			 新陶五秦 266 樂
	 齊陶 0343 華□□棱再 □□毁(軌) 亭□			 新陶五秦 305 樂
	 集存 1・4 王孫陳棱再 □□亭□			 新陶五秦 417 樂

⿰木甫*	桁*	椁		柙
齊	齊	秦	晋	秦
		章	章	虢
 齊陶 1448 ⿰木甫  新陶四齊 208 衰(逄)子里⿰木甫	 陶成 5.21.051.1 桁之釜	 秦拓.椁	 新陶四趙 019 椁盪(監)	 秦陶 3144 虢(柙)

椇* 檇*

		齊	晉	燕
 鑒陶 022 塙(高)闓(間)椇里曰淖(潮)	 齊陶 0995 塙(高)闓(間)椇里曰淖(潮)	 齊陶 0983 塙(高)間椇里曰䐶	 新陶四平 012 檇	 新陶四燕 041 河楠五魚鈢
 集存 2・30 塙(高)闓(間)椇里曰䐶	 新陶四齊 118 塙(高)閺(間)椇里曰臧(臧)	 齊陶 0990 塙(高)闓(間)椇里曰䁪		
 集存 2・31 塙(高)闓(間)椇里曰淖(潮)	 新陶四齊 119 塙(高)閺(間)椇里曰淖(潮)	 齊陶 0991 塙(高)闓(間)椇里曰䁪		
	 鑒陶 047 塙(高)闓(間)椇里曰䁪	 齊陶 0992 塙(高)闓(間)椇里曰臧(臧)		

東　椊*　条*

晉		齊	晉	齊
 新陶四平 044 東	 齊陶 0954 繇巷東匋 (陶)里瘖	 齊陶 0778 蒦圆(陽) 南里東方曌	 新陶四趙 007 胡椊	 集存 2・20 楚郭巷蔺里 条
	 齊陶 0957 繇巷東酷里 頙	 齊陶 0908 東蒦圆(陽) 䶂	 新陶四趙 008 胡椊	 陶成 5.04. 49.1 楚郭 巷蔺里条
	 齊陶 0961 東酷里堲	 齊陶 0950 繇巷東匋 (陶)里詿	 新陶四趙 007 胡椊	
	 陶成 5.08. 2.1□丘巷 東郷里翏忐	 齊陶 0951 繇巷東匋 (陶)里爽		

無　林

燕	秦			秦
 燕齊 006 左宮無□	 秦陶 2725 咸鬭里林	 秦陶 1436 東武居貲上造慶忌	 秦陶 1432 東武東閒居貲不更睢	 秦陶 2977 自桑郭之封以東
		 戎陶 024 咸東辟陰	 秦陶 1434 東武羅	 秦陶 1127 東園□
		 戎陶 025 咸東辟若	 秦陶 1435 東武逐	 步黟堂.東辟里陰
			 集存 6·5 咸亭東貞娷器	 步黟堂.東辟里陰

楚

晉				齊
柅				
 新陶四魏 025 匋(陶)柅(楚)	 新陶四齊 102 楚郭巷關里旦	 齊陶 0670 楚郭巷關里猨	 齊陶 0623 楚郭巷櫙里鹿	 齊陶 0486 城圁(陽)楚
	 新陶四齊 104 楚郭巷關里猨	 齊陶 0673 楚郭巷關里旦	 齊陶 0645 楚郭巷櫙里忻	 齊陶 0477 城圁(陽)楚
	 新陶四齊 177 城圁(陽)楚	 新陶四齊 180 城圁(陽)楚	 集存 2・19 楚郭巷櫙里豻	 齊陶 0598 楚郭巷蔵里娟
	 鑒陶 018 楚郭巷蔵里紙	 新陶四齊 190 城圁(陽)楚	 鑒陶 019 楚郭巷櫙里豻	 齊陶 0628 楚郭巷蔵里賹

桑　　　　　才　　　⿱林⿱冖坐*

秦	秦	齊	燕	秦
 秦陶 2977 自桑郭之封以東	 秦陶 2977 取杜才酆邱到潏水	 新陶四齊 289 才	 自怡. 故⿱林⿱冖坐	 秦陶 3304 楚里孫
 秦陶 2977 北到桑匽之封			 集存 4・29 左缶(陶)攻(工)⿱林⿱冖坐	

之

燕				齊
 陶選 0049 之公女	 夕續 406 之	 夕續 380 事歲之釜	 夕續 395.1 歲之釜	 齊陶 0871 匋(陶)里人臧(臧)之豆
	 夕續 407 之釜	 夕續 402.2 歲之釜	 夕續 386 歲之釜	 夕續 385 歲之釜
	 夕續 376 事歲之釜	 夕續 381 事歲之釜	 夕續 387.1 歲之釜	 夕續 388.1 歲之釜
		 夕續 382.1 事歲之釜	 夕續 387.2 歲之釜	 夕續 391.1 歲之釜

帀

秦	燕		秦	晉
 秦陶 953 右帀	 集拓. 燕 14 右宮母帀	 新陶五秦 205 皆明壹之  秦陶 3360 皆明壹之  秦陶 1213 之	 秦陶 2977 顝以四年冬十壹月癸酉封之  秦陶 2977 自桑郭之封以東  秦陶 2977 周天子使卿大夫辰來致文武之酢  新陶五秦 198 皆明壹之	 新陶四魏 067 共之

南		出		
齊		秦		晉
 齊陶 0795 蔓圚(陽)南里人狄	 齊陶 0348 昌櫅陳圝(固)南左里㲃(軌)亭區	 秦陶 870 宮出	 秦陶 2977 大良造庶長游出命曰	 集存 5・54 匋(陶)出
 齊陶 0798 蔓圚(陽)南里𨤲	 齊陶 0780 蔓圚(陽)南里人𨤲	 秦陶 1275 宮出	 秦陶 615 安出	
 齊陶 0799 蔓圚(陽)南里綴	 齊陶 0781 蔓圚(陽)南里人𨤲	 秦陶 1276 宮出	 秦陶 617 安出	
 鑒陶 024 蔓圚(陽)南里人奠	 齊陶 0794 蔓圚(陽)南里人狄	 秦陶 1885 出	 秦陶 869 宮出	

秦	燕			
 秦陶 1231 汧南	 集存 4・53 南文	 集存 1・27 蒦圖(陽)南 里眆	 鑒陶 043 蒦 圖(陽)南里 人不占	 齊陶 0972 左南郭巷辛 匋(陶)里賹
 秦陶 1232 汧南		 集存 1・33 蒦圖(陽)南 里人姦	 集存 1・07 昌櫅陳圁 (固)南左里 段(軌)亭區	 齊陶 0778 蒦圖(陽)南 里東方瞿
 秦陶 2937 南陽趙氏十 斗			 新陶四齊 264 南	 集存 3・39 南宮左段 (軌)
 秦陶 2948 武南			 燕齊 236 蒦圖(陽)南 里人紂	 鑒陶 029 蒦 圖(陽)南里 匋(陶)者鮏

丰	生			
齊	秦	燕	晉	齊
 齊陶 1415 丰	 秦陶 2042 此生	 自怡.長生	 新陶四魏 062 丌(綦) 母(毋)生	 齊陶 0419 王豆里生
	 秦陶 2043 此生	 新陶四燕 049 廿七年 □生高		
	 陶賞 8・2 咸生賁高	 燕齊 091 生		
		 木葉.䡈生 □		

華	產			
齊	秦	齊	秦	晉
 齊陶 0346 華門陳棱叁左里□□豆	 秦陶 196 產八	 陶成 5.05.049.1 蒦圆(陽)南里人產	 秦陶 1319 丰	 新陶四平 042 丰
 集存 1・1 華門陳棱叁左里𣪘(軌)亭區			 秦陶 1856 丰	
 集存 1・2 華門陳棱叁左里□□豆				

國	桼	巢		櫜
齊	齊	秦	晉	齊
 齊陶 1267 國  齊陶 1268 國	 齊陶 0572 丘齊巷桼彫 里𢔶(得)	 秦陶 278 巢	 新陶四韓 045 中巢□ 己	 陶成 5.21. 089.1 櫜金

固		園	困	
	齊	秦	秦	燕
	⿴囗軲			
 齊陶 1069 豆里⿴囗軲(固)	 齊陶 0348 昌櫅陳⿴囗軲(固)南左里段(軌)亭區	 秦陶 907 園	 秦陶 1427 困	 新陶四燕 027 倈□攺國
 新陶四齊 210 豆里⿴囗軲(固)	 齊陶 0532 城圖(陽)⿴囗軲(固)	 秦陶 1127 東園□		 新陶四燕 029 左缶(陶)倈湯攺國
 新陶四齊 231 豆里⿴囗軲(固)	 齊陶 1063 豆里⿴囗軲(固)	 秦陶 3124 北園吕氏缶容十斗		
 燕齊 404 豆里⿴囗軲(固)	 齊陶 1068 豆里⿴囗軲(固)			

圖*

			齊	晉
 齊陶 0472 城圖(陽)楚	 齊陶 0457 城圖(陽)眾	 齊陶 0433 城圖(陽)櫙里 漳(潮)豆	 齊陶 0395 城圖(陽)櫙里尘	 新陶四韓 057 肴(尹)固
 齊陶 0477 城圖(陽)楚	 齊陶 0459 城圖(陽)眾	 齊陶 0439 城圖(陽)眾	 齊陶 0396 城圖(陽)櫙里尘	 新陶四平 028□固
 齊陶 0502 城圖(陽)鼻	 齊陶 0460 城圖(陽)眾	 齊陶 0441 城圖(陽)眾	 齊陶 0398 城圖(陽)櫙里尘	
 齊陶 0515 城圖(陽)导(得)	 齊陶 0470 城圖(陽)楚	 齊陶 0449 城圖(陽)眾	 齊陶 0536 城圖(陽)□	

 齊陶 0849 蒦圆(陽)匋(陶)里人罼(瞿)	 齊陶 0822 蒦圆(陽)匋(陶)里人窸	 齊陶 0799 蒦圆(陽)南里綴	 齊陶 0780 蒦圆(陽)南里人蝨	 齊陶 0556 城圆(陽)堂
 齊陶 0852 蒦圆(陽)匋(陶)里人遫	 齊陶 0829 蒦圆(陽)匋(陶)里人達	 齊陶 0801 蒦圆(陽)南里鹿	 齊陶 0781 蒦圆(陽)南里人蝨	 齊陶 0769 蒦圆(陽)南里匋(陶)者罂
 齊陶 0867 蒦圆(陽)匋(陶)里曰戊	 齊陶 0830 蒦圆(陽)匋(陶)里人賞里人陞	 齊陶 0818 蒦圆(陽)匋(陶)里人导(得)	 齊陶 0794 蒦圆(陽)南里人狱	 齊陶 0776 蒦圆(陽)南里公孫悭
 齊陶 0872 大蒦圆(陽)里匋(陶)者時	 齊陶 0846 蒦圆(陽)匋(陶)里人乘	 齊陶 0820 蒦圆(陽)匋(陶)里导(得)	 齊陶 0798 蒦圆(陽)南里蝨	 齊陶 0552 城圆(陽)坐

 新陶四齊 148 大蒦圆 (陽)匋(陶) 者乙	 新陶四齊 135 蒦圆 (陽)匋(陶) 里人弄	 新陶四齊 124 蒦圆 (陽)匋(陶) 里𣪘(淳)于 旅□	 齊陶 0891 中蒦圆(陽) 里人𣪘	 齊陶 0873 大蒦圆(陽) 里匋(陶)者 時
 新陶四齊 155 蒦圆 (陽)南里蕾	 新陶四齊 140 大蒦圆 (陽)匋(陶) 者爲忈	 新陶四齊 125 蒦圆 (陽)匋(陶) 里曰戊	 齊陶 0909 東蒦圆(陽) [illegible]	 齊陶 0882 大蒦圆(陽) 匋(陶)者盬
 新陶四齊 157 蒦圆 (陽)南里人 盇	 新陶四齊 142 大蒦圆 (陽)匋(陶) 者盬	 新陶四齊 127 蒦圆 (陽)匋(陶) 里人爲寨	 齊陶 1239 圆(陽)里匋 (陶)晋	 齊陶 0886 大蒦圆(陽) 匋(陶)者乙
 新陶四齊 171 蒦圆 (陽)魚里分 步	 新陶四齊 146 大蒦圆 (陽)壽所爲 忈	 新陶四齊 133 蒦圆 (陽)	 齊陶 1251 菸氏圆(陽) [illegible]豆	 齊陶 0890 大蒦圆(陽) 里匋(陶)□

 新陶四齊 198 城圖 （陽）楚	 新陶四齊 189 城圖 （陽）櫶里坣	 新陶四齊 184 城圖 （陽）坣	 新陶四齊 180 城圖 （陽）楚	 新陶四齊 172 中蒦圖 （陽）里匋 （陶）□
 新陶四齊 200 城圖 （陽）眾	 新陶四齊 190 城圖 （陽）楚	 新陶四齊 185 城圖 （陽）櫶里 淖 （潮）豆	 新陶四齊 181 城圖 （陽）旻（得）	 新陶四齊 174 城圖 （陽）坣
 新陶四齊 202 城圖 （陽）眾	 新陶四齊 193 城圖 （陽）哺	 新陶四齊 186 城圖 （陽）櫶里 淖 （潮）豆	 新陶四齊 182 城圖 （陽）哺	 新陶四齊 178 城圖 （陽）唯
 新陶四齊 203 城圖 （陽）眾	 新陶四齊 197 城圖 （陽）楚	 新陶四齊 188 城圖 （陽）櫶里坣	 新陶四齊 183 城圖 （陽）唯	 新陶四齊 179 城圖 （陽）土豆

貝

	秦			
 秦陶 1978 貝	 秦陶 1580 咸鄘里貝	 集存 3・9 城圞(陽)櫯里 淖(潮)豆	 齊拓. 蒦圞(陽)匋(陶)里人𦥑(瞿)	 新陶四齊 204 城圞(陽)眔
 秦陶 1981 左貝	 秦陶 1593 咸鄘里貝		 集存 1・44 蒦圞(陽)匋(陶)里人曰王達	 鑒陶 021 蒦圞(陽)南里人盼
	 秦陶 1976 貝		 集存 1・27 蒦圞(陽)南里盼	 鑒陶 025 蒦圞(陽)匋(陶)里曰戝
	 秦陶 1977 貝		 集存 1・34 蒦圞(陽)南里慭	 鑒陶 052 蒦圞(陽)南里匋(陶)狗

賀

	燕			齊
				戠
 自怡.倈旃(看)故戠(賀)	 新陶四燕023右缶(陶)攻(工)戠(賀)	 齊陶0854 蒦圖(陽)匋(陶)里人戠(賀)	 齊陶0152 陳戠(賀)立事僕	 齊陶0148 陳戠(賀)立事□
 集存4・1 右缶(陶)攻(工)戠(賀)	 新陶四燕025倈旃(看)故戠(賀)	 集存1・40 蒦圖(陽)南里戠(賀)	 齊陶0156 陳戠(賀)立事膇	 齊陶0149 陳戠(賀)立事僕
 集存4・1 倈旃(看)故戠(賀)	 新陶四燕028倈敢故戠(賀)	 集存1・48 蒦圖(陽)匋(陶)里人戠(賀)	 齊陶0157 陳戠(賀)□□僕	 齊陶0150 陳戠(賀)立事僕
 集存4・9 倈疾故戠(賀)	 新陶四燕032□□故戠(賀)		 齊陶0164 陳戠(賀)立事僕	 齊陶0151 陳戠(賀)立事膇

	賞	贛	齎	贊
	齊	秦	齊	秦
 新陶四齊089楚郭巷蔵里賞	 齊陶0612楚郭巷蔵里賞	 秦陶1433贛揄得	 齊陶1147豆里齎	 秦陶1113□贊
	 齊陶0614楚郭巷蔵里賞	 秦陶1435贛揄叵	 齊陶1148豆里齎	
	 齊陶1163豆里賞		 燕齊422豆里齎	
	 齊陶1165豆里賞		 陶成5.22.076.1齎	

賫		賈	質	賜
齊	秦	齊	晉	秦
 齊陶 0352 平門内陳賫左里段(軌)亭區	 齊陶 1276 賈	 齊陶 0977 賈里巷匋(陶)里荆(刀)	 新陶四趙 022 長質	 秦陶 112 咸陽賜
 燕齊 455 繇巷□里賫	 新陶五秦 165 薛賈	 齊拓.賈巷匋(陶)里人恐		 秦陶 115 咸陽賜

	賫		賁	買
	秦	齊	秦	秦
 秦陶 1446 闌陵居賫便里不更牙	 秦陶 1432 東武東閒居賫不更雎  秦陶 1441 楊民居賫大䍃  秦陶 1442 氏居賫公士富  秦陶 1443 楊氏居賫武德公士契必	 齊陶 0830 蒦圆(陽)匋(陶)里人賫	 陶賞 8・2 咸生賁高	 戎陶 006 咸鄜里小買  新陶五秦 286 買

貽

齊

齊陶 0975
黍郡巷賫里王徇貽

齊拓.下炻里練貽

陶成 5.03.68.1 炻里句貽

賬*

燕

新陶四燕 117 缶(陶)攻(工)賬

燕齊 005
缶(陶)攻(工)賬

賹*

齊

齊陶 0631
楚郭巷蔵里賹

齊陶 0634
楚郭巷蔵里賹

齊陶 0740
關里賹

齊陶 0974
□□□巷辛匋(陶)里賹

齊陶 1010
塙(高)�

齊陶 1102
豆里賹

齊陶 1104
豆里賹

齊陶 1106
豆里賹

齊陶 1107
豆里賹

齊陶 1110
豆里賹

齊陶 1113
豆里賹

齊陶 1116
豆里賹

眗*

齊				
 新陶四齊 266 眗	 新陶四齊 228 豆里賹	 新陶四齊 212 豆里賹	 齊陶 1122 豆里賹	 齊陶 1117 豆里賹
 新陶四齊 279 眗	 新陶四齊 229 豆里賹	 陶成 5.19. 39.3 豆里賹	 新陶四齊 114 塙(高) �(閭)賹	 齊陶 1118 豆里賹
 燕齊 165 子 袶子里人眗	 鑒陶 037 豆 里賹	 新陶四齊 219 豆里賹	 新陶四齊 115 塙(高) 閎(閭)賹	 齊陶 1119 豆里賹
 集存 2·49 酷里人匋 (陶)者眗	 燕齊 401 豆 里賹	 集存 3·16 豆里賹	 新陶四齊 209 豆里賹	 齊陶 1120 豆里賹

贅* 貿*

		齊	燕	燕
 齊陶 1331 贅	 齊陶 1326 贅	 齊陶 1322 贅	 燕齊 477 貿	 新陶四燕 203 缶(陶)攻(工)貽
 齊陶 1332 贅	 齊陶 1327 贅	 齊陶 1323 贅		
 齊陶 1333 贅	 齊陶 1329 贅	 齊陶 1324 贅		
 齊陶 1334 贅	 齊陶 1330 贅	 齊陶 1325 贅		

 燕齊 456 贅	 新陶四齊 267 贅	 齊陶 1349 贅	 齊陶 1343 贅	 齊陶 1337 贅
 燕齊 458 贅	 新陶四齊 269 贅	 齊陶 1350 贅	 齊陶 1344 贅	 齊陶 1339 贅
	 新陶四齊 270 贅	 齊陶 1351 贅	 齊陶 1347 贅	 齊陶 1340 贅
	 陶選 0382 贅	 齊陶 1351 贅	 齊陶 1348 贅	 齊陶 1341 贅

邑　　　贅*

			秦	齊
 秦陶 1359 安邑祿	 秦陶 1355 安邑皇	 秦陶 636 麗邑五升	 秦陶 2977 以爲右庶長歜宗邑	 集拓.齊 46 贅
 秦陶 1360 安邑工頭	 秦陶 1356 安邑祿	 秦陶 1129 安邑□	 秦陶 2977 子子孫孫以爲宗邑	
 秦陶 1932 咸邑如頃	 秦陶 1357 安邑祿	 秦陶 1138 楃邑書	 秦陶 110 安邑□	
 秦陶 1933 咸邑如頃	 秦陶 1358 安邑皇	 秦陶 1317 安邑皇	 秦陶 635 麗邑九升	

都	邦			
燕		秦	晉	
 新陶四燕042亯城都王勹鍴(瑞)	 秦拓.咸梓里邦	 秦陶609淏邦	 內蒙.肖邦	 秦拓.咸如邑悝
 新陶四燕045日庚都王勹鍴(瑞)		 秦陶1183新城邦		 秦拓.咸如邑悝
 新陶四燕046昜(陽)安都王勹鍴(瑞)		 秦陶1187新城邦		 秦拓.咸如邑趞
		 秦陶1289新城邦		 戎陶033咸如邑周

邸

晋				秦
邸				
 新陶四趙015 邸咎	 秦陶1338 都船兵	 秦陶890 都歐	 秦陶597 都倉	 新陶五秦183 都市
	 秦陶1840 咸武都□	 秦陶891 都歐	 秦陶598 都倉	 新陶五秦184 都市
		 秦陶1281 都船掩	 秦陶599 都□	 秦陶593 都倉
		 秦陶1335 都水	 秦陶889 都船工疕	 秦陶594 都倉

邽　郃　酆　郝

	秦	秦	秦	秦
 秦陶 1346 下邽	 秦陶 931 下 邽	 秦拓. 咸郃 陽滎	 秦陶 2977 取杜才酆邱 到潏水	 秦陶 1849 咸高之郝
 秦陶 1347 下邽	 秦陶 1296 上邽工明	 秦拓. 咸郃 陽袍		
	 秦陶 1299 邽□			
	 秦陶 1343 下邽			

郱　鄲　邯

晉	齊	秦		秦
 集存 5・15 郱疴（魏）	 集存 3・22 丘齊辛里郱大心	 新陶五秦 149 邯鄲亭	 集存 5・16 邯亭	 新陶五秦 151 邯亭
	 集存 3・23 丘齊辛里郱馬□			 新陶五秦 152 邯亭
				 新陶五秦 154 邯亭
				 集存 5・16 邯亭

鄖	郤	邪	邱	郛
秦	齊	秦	秦	晉
 秦陶 1206 鄖陽共	 齊拓.丘齊 缶里郤諫  齊拓.郤瘩	 秦陶 3019 □邪	 秦陶 2977 取杜才酆邱 到潏水	 樂陶.郛市

鄈*	⿰⿱艹丰阝*	⿰戉阝*	邞*	鄑*
齊	齊	齊	齊	齊
 新陶四齊225豆里人鄈  鑒陶046豆里人鄈  陶成5.21.064.1□里□郭鄈	 齊陶0355不⿰⿱艹丰阝市鋫  齊陶0356不⿰⿱艹丰阝市鋫	 陶成5.21.090.1王⿰戉阝(越)人	 陶成5.05.273.1中蒦⿴囗昜(陽)里邞僕	 夕續100.2陳鄑(晉)  夕續103鄑(晉)立事 又見卷七"晉"。

郙*	鼍*	邟*	郑*	鄀*
燕	齊	齊	齊	齊

集存4・16 右宫郙 或釋爲"郙"	燕齊455 鼍 (繇)巷□里 賫 又見卷十二 "繇"字。	陶成1.017 .1右殹(軌) 邟豆	集存3・38 郑市	集存2・42 東酷里鄀奭

⿰幾阝*	⿰齊阝*	⿰基阝*	⿰石阝*	⿰巾阝*
晋	晋	晋	晋	晋
 陶賞 14.1 ⿰幾阝	 集存 5・23 匋(陶)⿰齊阝	 樂陶. ⿰基阝	 新陶四平 013 ⿰石阝□	 新陶四韓 098 ⿰巾阝又二

鄐*

郕*

秦				秦
 秦陶 2213 鄐	 秦拓. 咸郕 里杬 “完里”之 “完”專字。	 秦陶 2657 咸郕里杬	 集存 6·14 咸郕里文	 秦陶 1626 咸郕里高
 秦陶 2214 鄐		 秦陶 2666 咸郕里欣	 秦陶 2634 咸郕里孔	 秦陶 1638 咸郕里眛
		 戎陶 010 咸郕里杬	 秦陶 2655 咸郕里杬	 集存 6·18 咸郕里夫
		 戎陶 019 咸郕里奢	 秦陶 2656 咸郕里杬	 秦陶 1834 咸郕里夫

郿*

				秦
 秦陶 1812 咸郿里趌	 秦陶 1599 咸郿小有	 秦陶 1577 咸郿里□	 秦陶 1543 咸郿里致	 秦陶 1530 咸亭郿里絭器
 秦陶 1819 咸郿里紀	 秦陶 1609 咸郿里角	 秦陶 1578 咸郿里趌	 秦陶 1544 咸郿里致	 秦陶 1531 咸亭郿里芮器
 秦陶 1570 咸郿里且	 秦陶 1610 咸郿□□	 秦陶 1580 咸郿里貝	 秦陶 1545 咸郿里駔	 秦陶 1538 咸郿里善
 秦陶 1575 咸郿里趌	 秦陶 2715 咸郿里喬	 秦陶 1584 咸郿里某	 秦陶 1548 咸郿里駔	 秦陶 1542 咸郿里致

巷　　鄹*　　⿰鑄阝*

齊	楚	楚		
 齊陶 0353 □巷陳惁左殷(軌)樍均釜 此字釋法較多,暫從李學勤說。	 新陶四楚 008 ⿰鑄阝(鐘)鄹(離)稾(亭)鉨	 新陶四楚 008 ⿰鑄阝(鐘)鄹(離)稾(亭)鉨	 秦陶 2633 咸郿里疊	 秦陶 2617 咸郿里驕
			 秦陶 2711 咸郿里逋	 秦陶 2618 咸郿里竭
			 新陶五秦 028 咸郿里□	 秦陶 1549 咸郿里巂
			 秦拓.咸亭郿里□器	 秦陶 2713 咸郿里宣

 齊陶 0937 繇巷大匋(陶)里犬	 齊陶 0923 繇巷大匋(陶)里□	 齊陶 0623 楚郭巷蔵里鹿	 齊陶 0597 楚郭巷蔵里嫍	 齊陶 0387 右設(軌)□巷尚畢里季踞
 齊陶 0939 繇巷大匋(陶)里鬸	 齊陶 0914 繇巷大匋(陶)里癸	 齊陶 0645 楚郭巷蔵里忻	 齊陶 0598 楚郭巷蔵里嫍	 齊陶 0573 丘齊巷桼彫里导(得)
 齊陶 0950 繇巷東匋(陶)里誩	 新陶四齊 070 繇巷大匋(陶)里□	 齊陶 0658 □郭巷□□汸艸	 齊陶 0611 楚郭巷蔵里秖	 齊陶 0595 楚郭巷蔵里嫍
 齊陶 0971 左南郭巷辛匋(陶)里傒	 齊陶 0660 楚郭巷鬲里隻(獲)	 齊拓.楚郭巷蔵里追	 齊陶 0618 楚郭巷蔵里賞	 齊陶 0596 楚郭巷蔵里嫍

 集存 1・21 繇巷中匋(陶)里僕	 鑒陶 035 楚郭巷櫨里□	 新陶四齊 098 楚巷蔵里萶	 齊陶 0972 左南郭巷辛匋(陶)里賹	 新陶四齊 082 繇巷大匋(陶)里化
 集存 1・22 繇巷東匋(陶)里人忻	 齊拓. 繇巷大匋(陶)里□	 新陶四齊 102 楚郭巷關里旦	 齊陶 0975 黍郡巷瞖里王徇貽	 新陶四齊 085 繇巷東匋(陶)里戎
 集存 2・19 楚郭巷櫨里□	 集存 1・16 繇巷大匋(陶)里戓	 新陶四齊 103 楚郭巷關里癸	 遺珍 146 巷	 燕齊 455 繇巷□里□賫
 集存 2・17 楚郭巷櫨里□	 集存 1・20 繇巷中匋(陶)里敂	 陶成 5.08.2.1□丘巷東鄉里翏忐	 陶成 5.08.5.1□巷	 新陶四齊 094 楚郭巷蔵里絍

		秦		
			郶	
		 秦陶 2352 左巷	 新陶四齊 205 郶(巷) □	 夕續 19□ 巷陳□

新出古陶文文字編卷七

日

齊

齊陶 1236 日里聶

齊陶 1409 日

齊陶 1410 日

新陶四齊 311 日

燕

新陶四燕 045 日庚都王勹錨(瑞)

晉

新陶四晉 096 日敬之

昭

齊

⿱召日

齊陶 0279 □⿱召日(昭)

晉

秦	楚	晉		齊
 秦陶 110 臨晉  秦陶 1199 臨晉翏	 新陶四楚 007 晉翼	 新陶四韓 062 肙(尹)晉  新陶四韓 063 肙(尹)晉	 夕續 100.2 陳郚 又見卷六“郚”。	 齊陶 1239 圖(陽)里匋(陶)晉  夕續 104.1 陳晉  夕續 104.2 晉立  夕續 102.1 陳晉

昌

		燕		齊
 新陶四燕285 昌	 新陶四燕168 缶(陶)攻(工)昌	 新陶四燕134 缶(陶)攻(工)昌	 齊陶 1220 櫶里昌	 齊陶 0348 昌櫅陳圂(固)南左里設(軌)亭區
 新陶四燕286 昌	 新陶四燕169 缶(陶)攻(工)昌	 新陶四燕136 缶(陶)攻(工)昌	 集存 3・53 昌里土	 齊陶 0349 昌櫅陳圂(固)南左里設(軌)亭區
 木葉.昌	 新陶四燕170 缶(陶)攻(工)昌	 新陶四燕165 缶(陶)攻(工)昌		 齊陶 0388 昌櫅陳圂(固)南左里設(軌)亭區
 燕齊 034 缶(陶)攻(工)昌	 新陶四燕171 缶(陶)攻(工)昌	 新陶四燕167 缶(陶)攻(工)昌		 齊陶 0641 □郭巷櫶里昌

㬎*

晋			秦	
 新陶四晋 110 㬎□寺	 秦陶 3286 宫昌	 秦陶 1439 博昌去疾	 秦陶 598 都 昌	 自怡. 昌
	 秦陶 3292 宫昌	 秦陶 1440 博昌居此 (貲)□里不 更余	 秦陶 1293 商昌	
		 秦陶 2693 咸陽巨昌	 秦陶 1310 宜陽工昌	
		 秦陶 3281 宫昌	 秦陶 1377 咸亭當柳昌 器	

昒*		咈*	晐	昔
晋		齊	秦	齊
				腊
 新陶四韓047 彭昒	 新陶四齊193 城圖(陽)咈	 齊陶 0505 城圖(陽)咈	 秦陶 1838 咸閭里晐	 齊陶 0655 楚郭巷或里腊
 新陶四韓047 彭昒	 燕齊 319 城圖(陽)咈	 齊陶 0506 城圖(陽)咈		 齊陶 0657 □郭巷□里腊
		 齊陶 0508 城圖(陽)咈		 集存 2・23 楚郭巷或里腊
		 新陶四齊182 城圖(陽)咈		

旗	朝	𠃬	旦	
秦	秦	燕		齊
 秦陶 1710 咸戎里旗	 秦陶 106 朝	 木葉. 𠃬生 □	 新陶四齊 100 楚郭巷 關里旦	 齊陶 0672 楚郭巷□里 旦
 集存 6・11 咸戎里旗	 秦陶 109 宫 朝		 新陶四齊 101 楚郭巷 關里旦	 齊陶 0673 楚郭巷關里 旦
			 新陶四齊 102 楚郭巷 關里旦	 齊陶 0674 楚郭巷關里 旦
			 燕齊 345 楚 郭巷關里旦	 新陶四齊 093 楚郭巷 關里旦

旃*			旅	游
晉		晉	齊	秦
		旃	遊	
 新陶四魏024 匋(陶)旃	 新陶四晉064 旃(旅)	 新陶四晉058 旃(旅)	 新陶四齊124 蒦圆(陽)匋(陶)里敦(淳)于遊(旅)□	 秦陶 2977 大良造庶長游
 新陶四魏024 旃	 集存 5・57 旃(旅)	 新陶四晉059 旃(旅)	 步黟堂.□里□遊(旅)	 秦陶 1444 平陰居貲北游公士滕
 二晉 39 匋(陶)旃		 新陶四晉060 旃(旅)	 陶成 5.19.08.1 墧(高)閱(閭)棋里曰遊(旅)	 陶賞 15.2 陽游
		 新陶四晉063 旃(旅)		

參

				齊
				叁
 齊陶 0112 蓴陳导(得) 叁僕	 齊陶 0107 蓴陳导(得) 叁徑	 齊陶 0095 蓂昜(陽)陳 导(得)叁膧	 齊陶 0089 蓂昜(陽)陳 导(得)叁亭	 新陶四齊 020 蓴陳导 (得)叁朔
 齊陶 0115 蓴陳导(得) 叁朔	 齊陶 0109 蓴陳导(得) 叁僕	 齊陶 0096 蓂昜(陽)陳 导(得)叁	 齊陶 0093 蓂昜(陽)陳 导(得)叁朔	 新陶四齊 050 王孫陳 棎叁右□亭 釜
 齊陶 0116 蓴陳导(得) 叁朔	 齊陶 0110 □导(得)叁 僕	 齊陶 0106 蓴陳导(得) 叁徑	 齊陶 0094 蓂昜(陽)陳 导(得)叁朔	 齊陶 0087 蓂昜(陽)陳 导(得)叁牽
 齊陶 0117 蓴陳导(得) 叁膧	 齊陶 0121 □陳□叁朔	 齊陶 0123 陳导(得)叁	 齊陶 0135 蓴陳导(得) 叁□	 齊陶 0111 □陳□叁僕

疊

秦	秦	晉		
 秦陶 2633 咸郿里疊	 秦陶 1243 參	 集存 5・36 匋(陶)參	 夕續 365.1 叁立事	 齊陶 0221 □□叁僕
	 秦陶 2930 李氏九斗二參	 集存 5・37 匋(陶)參	 集存 1・1 華門陳棱叁左里段(軌)亭區	 齊陶 0341 門陳□叁立事□里段(軌)亭□
			 集存 1・2 華門陳棱叁左里□□豆	 齊陶 0346 華門陳棱叁左里□□豆
				 齊陶 1447 叁

月

		燕		齊
 新陶四燕022廿□年四月左缶(陶)肴(尹)	 新陶四燕011十六年十一月左缶(陶)□	 新陶四燕005廿一年十二月右缶(陶)肴(尹)	 陶成1.067.1大市十月	 集存3·35大市氿月
 新陶四燕024廿三年十二月右缶(陶)攻(工)□	 新陶四燕012□年正月右缶(陶)肴(尹)	 新陶四燕007廿一年八月右缶(陶)肴(尹)		 集存3·34大市九月
 新陶四燕025十六年八月右缶(陶)肴(尹)	 新陶四燕013十七年十月左缶(陶)肴(尹)	 新陶四燕009廿二年□月左缶(陶)肴(尹)		 陶賞5·2大市禝月
 新陶四燕026十八年三月右缶(陶)肴(尹)	 新陶四燕018□年七月左缶(陶)肴(尹)	 新陶四燕010十六年九月右缶(陶)肴(尹)		 陶成1.068.1大市坏月

朔

	齊	秦		
 齊陶 0016 □怛朔	 齊陶 0012 陳怛朔	 秦陶 2977 冬十壹月辛酉	 自怡.十六年八月	 新陶四燕 031 十七年八月右缶(陶)君(尹)
 齊陶 0017 □□朔	 齊陶 0013 陳怛朔	 秦陶 2977 十壹月癸酉	 集存 4・1 十六年十一月右缶(陶)君(尹)	 新陶四燕 032□年十月右缶(陶)君(尹)
 齊陶 0093 奠昜(陽)陳㝵(得)叁朔	 齊陶 0014 陳怛朔		 集存 4・4 十八年四月右缶(陶)君(尹)	 新陶四燕 036□□二月左缶(陶)君(尹)
 齊陶 0216 陳□□朔	 齊陶 0015 陳怛朔			 自怡.廿年六月左缶(陶)君(尹)

霸

秦	晉			
 新豐.戲且霸陽人廣莊耳	 鑒陶 015 匋(陶)朔	 新陶四魏 040 匋(陶)朔	 新陶四齊 024□陳□叁朔	 齊陶 0116 櫜陳㝵(得)叁朔
	 集存 5・52 匋(陶)朔	 新陶四魏 041 匋(陶)朔		 齊陶 0121 □陳□叁朔
	 二晉 18 匋(陶)朔	 新陶四魏 042 匋(陶)朔		 齊陶 0122 □陳□□朔
		 鑒陶 001 匋(陶)朔		 新陶四齊 025□陳□叁朔

䏭*	肔*			期
齊	齊		秦	齊
				昇
 齊陶 0001 陳怛䏭	 齊陶 0205 陳肔立事丁	 戎陶 028 咸 鳌期有	 秦拓. 咸鳌 期就	 齊陶 0675 楚郭巷關里 昇(期)
 齊陶 0002 陳怛䏭	 齊陶 0206 陳肔立事杋		 秦拓. 咸鳌 期有	 齊陶 0676 楚郭巷關里 昇(期)
 齊陶 0003 □怛䏭	 齊陶 0207 □肔□事丁		 秦拓. 咸鳌 期逨	
 齊陶 0004 □怛䏭	 新陶四齊 045 陳肔立 事□		 戎陶 026 咸 鳌期逨	

 新陶四齊035 陳忎(怒)□事膔	 齊陶 0165 陳中山膔	 齊陶 0123 □陳导(得)叁膔	 齊陶 0082 門外陳导(得)立膔	 齊陶 0005 □怛膔
 新陶四齊037□□再膔	 齊陶 0189 陳忎(怒)立事膔	 齊陶 0151 陳戭(賀)立事膔	 齊陶 0092 蒦□□导(得)□膔	 齊陶 0007 □怛膔
	 齊陶 0199 陳宴再膔	 齊陶 0154 陳戭(賀)立事膔	 齊陶 0117 蒦陳导(得)叁膔	 新陶四齊046 陳中山膔
	 新陶四齊019 陳怛膔	 齊陶 0156 陳戭(賀)立事膔	 齊陶 0119 □□导(得)叁膔	 齊陶 0008 □怛膔

明		有		
	齊	秦	晉	齊
 新陶四齊 305 明它	 新陶四齊 305 明它	 秦陶 1597 咸鄏小有	 新陶四韓 085 有	 齊陶 1246 有終豆
 新陶四齊 307 明百	 新陶四齊 305 明它	 秦陶 1599 咸鄏小有		
 新陶四齊 307 明百	 新陶四齊 305 明它	 秦陶 2720 咸鄏小有		
 新陶四齊 307 明百	 新陶四齊 305 明它	 秦拓. 咸鳌 期有		

夜　　盟

齊	燕		秦	燕
	盥			
 齊陶 0335 㑆(叔)夜	 燕齊 051 缶(陶)攻(工)盥(盟)	 秦陶 3357 皆明壹之	 秦陶 1296 上邽工明	 自怡.明上
 齊陶 0958 東酷里公孫夜	 自怡.盟		 新陶五秦 198 皆明壹之	
 齊陶 0963 東酷里公孫夜			 新陶五秦 205 皆明壹之	
 集存 2・55 中匋(陶)里夜			 新陶五秦 209 皆明壹之	

多	夤			
秦		秦	齊	晉
 秦陶 605 多	 秦陶 2733 平夤平夤	 秦陶 1703 咸沃平夤	 齊陶 1187 子袁(𥚃)里人夤	 新陶四魏 057 同夜
 秦陶 607 多		 秦陶 1704 咸沃平夤	 齊陶 1188 子袁(𥚃)里人夤	
		 秦陶 1705 咸沃平夤	 齊陶 1189 子袁(𥚃)里人夤	
		 秦陶 1836 咸□平夤	 齊陶 1190 子袁(𥚃)里人夤	

朿　　　　　　　　　　　　　　　　齊

商	秦			齊
 新陶二 070 朿	 秦陶 2070 齊	 新陶四齊 355 齊大𠂢(刀)	 齊陶 0582 丘齊辛里乘	 齊陶 0363 齊□
	 秦陶 2376 右齊	 新陶四齊 355 齊大𠂢(刀)	 陶成 5.03.30.1 丘齊平里郭登	 齊陶 0572 丘齊巷桼彫里㝵(得)
	 秦陶 2433 齊	 新陶四齊 355 齊大𠂢(刀)	 齊陶 0584 丘齊炶□□通	 齊陶 0575 丘齊平里王庠奭
	 秦陶 2436 齊	 新陶四齊 356 齊大𠂢(刀)	 新陶四齊 173 丘齊炶里王□	 齊陶 0579 丘齊辛里之䣢(胡)

禾			棘	
秦	燕	齊	秦	齊
 秦陶 173 禾	 燕齊 092 禾	 齊陶 1397 禾	 集存 6・3 咸亭黄棘忠器	 齊陶 1453 朿
 秦陶 263 禾	 木葉. 禾	 新陶四齊 249 禾	 新陶五秦 016 咸亭黄棘忠器	
 秦陶 1322 禾				
 秦陶 2365 右禾				

采　稷　稺　穜

齊	齊	秦	秦	
穗	禝			
 齊陶 0281 竺采(穗)之王□	 陶賞 5・2 大市禝月	 秦陶 181 稺(稚)一	 新陶五秦 380 穜	 秦陶 2368 右禾
		 秦陶 178 稺(稚)		 秦陶 2490 禾
		 秦陶 179 咸稺(稚)		
		 秦陶 180 稺(稚)十四		

康	年			
齊	齊	燕		
 陶成 5.21.047.1 酉里人曰□康	 齊陶 1412 年	 新陶四燕 007 廿一年八月右缶(陶)君(尹)	 新陶四燕 014 廿三年十月	 新陶四燕 025 十六年八月右缶(陶)君(尹)
		 新陶四燕 008 廿一年□月右缶(陶)君(尹)	 新陶四燕 005 廿一年十二月右缶(陶)君(尹)	 新陶四燕 027 十八年八月□□
		 新陶四燕 010 十六年九月右缶(陶)君(尹)	 新陶四燕 018□年七月左缶(陶)君(尹)	 新陶四燕 028 十九年三月右缶(陶)君(尹)
		 新陶四燕 013 十七年十月左缶(陶)君(尹)	 新陶四燕 024 廿三年十二月右缶(陶)攻(工)□	 新陶四燕 031 十七年八月右缶(陶)君(尹)

秦　　　秋

燕	秦	秦		
 新陶四燕106左缶(陶)攻(工)秦	 秦陶2533左秋	 新陶五秦197廿六年	 自怡.十六年八月	 新陶四燕032□年十月右缶(陶)君(尹)
 自怡.□攻(工)秦		 新陶五秦199廿六年	 集存4・13廿九年	 新陶四燕049廿七年□生高
 新陶四燕185缶(陶)攻(工)秦		 新陶五秦206廿六年	 集存4・1十六年十一月右缶(陶)君(尹)	 燕齊002十七年十二月右缶(陶)君(尹)
 新陶四燕185缶(陶)攻(工)秦			 集存4・3十七年六月右缶(陶)君(尹)	 自怡.廿年六月左缶(陶)君(尹)

兼　　秸*

秦	秦	秦	晉	
 秦陶 3359 盡并兼天下諸矦	 秦陶 122 咸陽秸	 秦陶 2437 秦	 新陶四平 002 秦□	 集存 4・15 左缶(陶)攻(工)秦
 秦陶 3369 盡并兼天下諸矦	 秦陶 124 咸陽秸		 洛陽 3・10 □有左秦	
 秦陶 3389 盡并兼天下諸矦				
 秦陶 3408 盡并兼天下諸矦				

米　黍

	秦	齊	秦	
 新陶五秦 211 米	 秦陶 612 安米	 新陶四齊 316 米	 齊陶 0975 黍郡巷胷里王徇貽	 新陶五秦 198 盡并兼天下諸矦
	 秦陶 613 安米	 新陶四齊 337 垂米		 新陶五秦 199 皇帝盡并兼
	 秦陶 2220 米	 新陶四齊 337 垂米		 新陶五秦 206 皇帝盡并兼天下諸矦
	 秦陶 2222 米			

舂	粡*	粠*		粇*
秦	齊	齊		齊
 秦陶 1079 宮舂	 齊陶 1241 □粡	 齊陶 0360 王粠	 集存 3・8 王敱櫙里粇	 齊陶 0046 北郭陳喜粇
 秦陶 2208 舂		 齊陶 0361 王粠	 陶成 5.01.09.1 王敱櫙里粇	 齊陶 0047 □郭陳喜粇
 秦陶 2340 舂		 齊陶 0362 王粠		 齊陶 0206 粇
		 集存 3・44 王粠		 新陶四齊 030 北郭□喜粇

宣	室	家	宀	凶
秦	秦	晋	西周	齊
		豢		
 秦陶 1709 咸商里宣  新陶五秦 025 咸鄘里 宣  秦陶 2625 咸商里宣  秦陶 2626 咸商里宣	 秦陶 1279 居室	  新陶四韓 051 豢(家) 悊	 新陶三 01・ 015 宀坓于	 新陶四齊 309 中凶

定　　　　　　　　　　　　　　向

秦	秦	齊	西周	
 秦陶 2606 定	 秦拓. 咸沙里向	 夕續 50.1 陳向立	 新陶三 01・010 向	 秦陶 2713 咸鄘里宣
 秦陶 2264 定		 陶成 1.040.1 陳向立事		 新豐. 宣
 秦陶 2267 定		 夕續 50.2 陳向		 秦拓. 咸商里宣
 秦陶 2938 樂定王氏九斗				 集存 6・21 咸商里宣

安

			齊	
 齊陶 1291 安	 燕齊 412 豆 里安	 齊陶 1060 豆里安	 齊陶 1056 豆里安	 秦拓.左定
 齊陶 1292 安	 薛河.□安	 齊陶 1061 豆里安	 齊陶 1057 豆里安	
 齊陶 1293 安	 集存 1・14 繇巷大匋 (陶)里安	 齊陶 1173 孟棠(常)匋 (陶)里安	 齊陶 1058 豆里安	
 齊陶 1295 安	 燕齊 470 安	 齊陶 1223 戯里安	 齊陶 1059 豆里安	

秦	晋	燕		
			安	
 秦拓. 安	 新陶四平006□安	 新陶四燕046 昜(陽)安都王勹錨(瑞)	 齊陶 0583 丘齊平里安(安)臙	 齊陶 1290 安
 秦拓. 咸安處悍	 集存 5・55 匋(陶)安	 燕齊 100 安		 新陶四齊257 安
 新陶五秦019 咸亭當柳安器				 新陶四齊258 安
 新陶五秦069 楊安				 新陶四齊260 安

 秦陶 1667 咸新安盼	 秦陶 1356 安邑祿	 秦陶 617 安 出	 秦陶 261 安	 秦陶 257 安
 秦陶 1821 咸安處捍	 秦陶 1357 安邑祿	 秦陶 618 安 未	 秦陶 262 安	 秦陶 258 安
 秦陶 2494 安	 秦陶 1358 安邑皇	 秦陶 1129 安邑□	 秦陶 603 安 未	 秦陶 259 安
 秦陶 3349 安陸市亭	 秦陶 1360 安邑工頭	 秦陶 1317 安邑皇	 秦陶 615 安 出	 秦陶 260 安

完　　　　　宴

秦		齊		
 新陶五秦 014 咸亭完里丹器	 齊陶 0639 楚郭巷蔵里宴	 夕續 110 陳宴	 新陶五秦 274 安	 秦陶 3353 黔首大安
 新陶五秦 032 咸完里□	 陶成 1.016.1 宴都陳得左里毁(軌)亭豆	 齊陶 0199 陳宴再膸	 新陶五秦 275 安	 秦陶 3359 黔首大安
 秦拓.咸完里□	 新陶四齊 040 陳宴再□	 齊陶 0200 陳宴再俓	 新陶五秦 429 安	 秦陶 3377 黔首大安
 二秦 24 咸完里□	 新陶四齊 044□宴□俓	 齊陶 0201 陳宴再□	 新陶五秦 430 安	 新陶五秦 201 黔首大安

冗	容			富
秦		秦	晋	秦
 秦陶 957 司冗	 秦陶 3123 隱成吕氏缶容十斗	 秦陶 1371 左廄容八斗	 新陶四韓 017 容城	 秦陶 1442 公士富
	 秦陶 3124 北園吕氏缶容十斗	 秦陶 2918 杜氏容斗	 新陶四韓 019 容	
	 秦陶 3125 北園王氏缶容十斗	 秦陶 3121 隱成吕氏缶容十斗	 雙樓.容	
		 秦陶 3122 隱成吕氏缶容十斗		

宜		宰		寶
秦	齊		齊	西周
		⿱宀⿰口辛	⿰月⿰宰刂	
 秦陶 1301 宜陽工肆	 齊陶 1182 子袶子里曰宜乘	 集存 2・12 蒦圚(陽)楊里人宰	 齊陶 1392 ⿰月⿰宰刂(宰)	 新陶三 01・016 寶□于
 秦陶 1308 宜陽工武	 齊陶 1183 子袶子里曰宜乘			
 秦陶 1309 宜陽工武				
 秦陶 1310 宜陽工昌				

宋　　客

秦	晉	齊	齊	
 新陶五秦008 咸陸里宋	 新陶四平027 宋导（得）	 齊陶 1418 宋	 齊陶 0385 左掌客亭	 秦陶 1311 宜陽工昌
	 新陶四平039 宋			 秦陶 1203 宜陽肄
	 新陶四晉046 宋			 秦陶 1204 宜陽肄

宮　　宗

		燕	齊	秦
 自怡.左宮少敀	 新陶四燕092左宮薈	 新陶四燕088右宮者坣(州)	 集存3·39南宮左毀(軌)	 秦陶2977以爲右庶長歜宗邑
 燕齊096宮	 新陶四燕096右宮居願	 新陶四燕090左宮田左		 秦陶2977以爲宗邑
	 新陶四燕098右宮居願	 新陶四燕091左宮薈		
	 集存4·19右宮者坣(州)	 新陶四燕102右宮乙		

吕

晋			秦	晋
 新陶四韓 068 吕予	 秦陶 590 宫 毛	 秦陶 62 宫 欸	 新陶五秦 040 左宫	 新陶四趙 006 剸(半) 匿塙卸(御) 史肖宫(?) 立觪(校)
 新陶四韓 069 吕子	 秦陶 856 宫 丁	 秦陶 64 宫 欸	 新陶五秦 060 宫戊	
	 秦陶 859 宫 煩	 秦陶 66 宫 欸	 新陶五秦 061 宫戊	
	 秦陶 61 宫 得	 秦陶 74 宫 欸	 秦拓. 宫丑	

空	竈	穴	躳	
秦	秦	齊	晉	秦
	竈		躳	
 秦陶 652 左司空	 秦陶 673 右竈	 齊拓. 丘齊平里穴逋	 新陶四平 030 躳(躳)	 秦陶 2764 呂
 秦陶 659 右司空係	 秦陶 952 右竈	 集存 3・25 丘齊平里穴逋		 秦陶 3123 隱成呂氏缶容十斗
 秦陶 660 右司空係				 新豐. 呂
 秦陶 661 右司空係				

寋*		寱*	竆	突
齊		齊	燕	秦
	宓		窮	
 齊陶 0845 蒦圖(陽)匋(陶)里人寋	 陶成 5.05.220.1 蒦圖(陽)匋(陶)里人宓	 齊陶 0822 蒦圖(陽)匋(陶)里人寱	 新陶四燕 055 攻(工)窮(竆)	 秦陶 1635 咸沙里突
 燕齊 277 蒦圖(陽)匋(陶)里人寋		 齊陶 0823 □圖(陽)□里人寱		 秦陶 1665 咸重成突
 鑒陶 042 蒦圖(陽)匋(陶)里人寋		 新陶四齊 122 蒦圖(陽)匋(陶)里人寱		 陶賞 9.1 咸沙里突
		 燕齊 257 蒦圖(陽)匋(陶)里人寱		

疾　　　　窒*

秦	燕		齊	齊
		⿸疒⿱矢心		⿱穴矢
 秦拓.疾	 新陶四燕012 倈疾攺戠(賀)	 齊陶 0959 東酷里□棄⿸疒⿱矢心(疾)	 齊陶 1034 豆里疾目	 乾堂.⿱穴矢
 秦陶 1439 博昌去疾	 集存 4・9 倈疾攺戠(賀)		 齊陶 1257 陳逵(去)疾器	 集存 1・43 蒦圆(陽)匋(陶)里母窒
 秦陶 2347 咸下處疾			 新陶四齊230 豆里疾目	
			 集存 1・19 繇大匋(陶)里遼(棄)疾	

癰	疴	疕	⿸疒丌	病
秦	晉	秦	秦	秦
 秦拓．咸重城癰	 集存 5・15 郗疴	 秦陶 883 都船工疕	 秦陶 559 左水⿸疒丌	 新陶五秦 011 咸亭病里安器
		 秦陶 888 都船工疕	 秦陶 560 左水⿸疒丌	
			 秦陶 3120 左水⿸疒丌	

瘳	瘱	疢	疼	疥
秦	齊	秦	秦	秦
 秦拓.咸穡姑瘳  戎陶 094 瘳	 齊陶 0741 關里瘱	 秦陶 1636 咸沙里疢  秦陶 1936 咸陽□疢  秦拓.咸沙里疢  秦陶 045 咸沙里疢	 秦陶 1890 疼	 秦陶 2335 疥

痠*	癰*	瘂*	痦*	疤*
齊	齊	齊	齊	齊
 齊拓.郐痠	 齊陶 1457 癰	 齊陶 0559 城圚(陽)瘂  燕齊 313 城 圚(陽)瘂	 集存 2・41 東酷里高痦	 齊陶 0330 疤者陳㝵 (得)再左里 段(軌)亭豆

最	⿸疒縣*	⿸疒柬*	⿸疒斤*	⿸疒皇*
秦	晉	晉	晉	燕
㝡				
 新陶五秦 419 㝡  新陶五秦 374 㝡  新陶五秦 375 㝡	 新陶四魏 037 匋(陶) ⿸疒縣  新陶四晋 045 ⿸疒縣峊	 洛陽 3・2 ⿸疒柬	 新陶四韓 071 ⿸疒斤雩	 自怡.□⿸疒皇 兒齋  木葉.□年 □⿸疒皇兒齋

羅	萳	同		
秦	齊	秦	晉	齊
 秦陶 1434 東武羅	 齊陶 0659 楚郭巷萳里 □	 新陶五秦 285 同	 新陶四魏 057 同夜	 齊陶 0689 楚郭巷關里 同
 鑒陶 055 咸 亭商里羅器	 齊陶 0660 楚郭巷萳里 隻(獲)	 新陶五秦 354 同	 集存 5・49 缶(陶)同	
 集存 6・1 咸亭商里羅 器	 齊陶 0661 楚郭巷萳里 □	 新陶五秦 356 同	 集存 5・50 匋(陶)同	
 集存 6・6 咸亭商里羅 器				

帶	⿱罒則*	⿱罒貼*	⿱罒吉	羈
晉	齊	齊	燕	秦
䌖			⿱罒結	⿱罒⿰糸馬
 新陶四韓 089 䌖（帶）	 燕拓.⿱罒則	 齊陶 0386 右敀（軌）□巷尚畢里季⿱罒貼	 集存 4・54 ⿱罒結	 秦陶 2977 史⿱罒⿰糸馬（羈）手
		 齊陶 1213 鄐（陽）里□⿱罒貼	 集存 4・54 ⿱罒結	
		 集存 3・54 鄐（陽）里□⿱罒貼		

	敝	常		
	秦		齊	秦
	 新陶五秦372 敝	 集存 2·33 孟常(棠)匋(陶)里瞎	 齊陶 1175 孟常(棠)匋(陶)里人趣	 秦陶 2032 帶
		 陶成 5.20.06.1 孟常匋(陶)里瞎	 齊陶 1176 孟常(棠)匋(陶)里人趣	 秦陶 2034 帶
			 齊陶 1177 孟常(棠)匋(陶)里□□	
			 齊陶 1178 孟常(棠)匋(陶)里□□	

新出古陶文文字編卷八

人

齊

齊陶 0788 蒦圆(陽)南里人賞

齊陶 0819 蒦圆(陽)匋(陶)里人导(得)

齊陶 0829 蒦圆(陽)匋(陶)里人達

齊陶 1026 塙(高)閱(閭)豆里人匋(陶)者曰□

齊陶 0795 蒦圆(陽)南里人狭

鑒陶 034 蒦圆(陽)匋(陶)里人隨(阻)

齊陶 0831 蒦圆(陽)匋(陶)里人陞

齊陶 1028 豆里人鄒

齊陶 0802 蒦圆(陽)南里人奠

鑒陶 053 蒦圆(陽)匋(陶)里人造

新陶四齊 233 酷里人□

齊陶 1187 子袠(袶)里人腰

齊陶 0803 蒦圆(陽)南里人奠膏

集存 1・22 繇巷東匋(陶)里人忻

新陶四齊 225 豆里人□

齊陶 1189 子袠(袶)里人腰

保

秦	秦	晉	燕	
 秦陶 1857 姚保	 新陶五秦 051 工人	 洛陽 3・11 中人	 新陶四燕 099 右宫爲 人	 新陶四齊 157 蒦圆 (陽)南里人 鵭
			 集存 4・31 缶(陶)人	 新陶四齊 206 子袶子 里人醲
				 陶成 5.21. 090.1 王邸 (越)人

僨		俦	伯	仁
秦		齊	秦	齊
				⿱身心
 秦陶 1801 咸亭溼里僨器	 集存 3・46 中蔓圖(陽)王俦	 夕續 105.2 俦  夕續 106.1 俦三  齊陶 0893 中蔓圖(陽)王俦  齊陶 0895 中蔓圖(陽)王俦	 秦陶 2920 伯	 齊陶 0938 繇巷大匋(陶)里 ⿱身心(仁)  燕齊 374 繇巷大匋(陶)里⿱身心(仁)

候	依	儋	何	佗
秦	燕	秦	齊	晉
 新陶五秦210天下諸候(侯)	 新陶四燕019缶(陶)攻(工)依	 秦拓.咸巨陽儋	 齊陶0766北里何	 新陶四韓067吕佗
 秦陶3355始天下諸候(侯)	 新陶四燕024缶(陶)攻(工)依		 齊陶0767北里何	
	 新陶四燕114缶(陶)攻(工)依		 陶成5.05.223.1蒦圆(陽)匋(陶)里人何	

使	任		便	代
秦	秦	秦	齊	秦
			佺	
 秦陶 2977 周天子使卿大夫辰來致文武之酢	 秦陶 1873 任  秦陶 3149 任巨利	 秦陶 1446 闌陵居貲便里不更牙	 夕續 127.1 陳便  夕續 127.2 陳便立事  夕續 134 便	 新陶五秦 179 代市

係　　佝　　侈　　伸

秦	晋	齊	秦	秦
 秦陶 13 宫係	 新陶四韓 026 䇫(淳)係	 齊陶 0970 □南郭巷□匋(陶)里佝	 秦陶 2003 都船工侈	 新陶五秦 432 伸
 秦陶 14 宫係				
 秦陶 16 宫係				
 秦陶 18 宫係				

咎

晋	燕			
 新陶四趙015 邸咎	 燕拓47 咎屖(遲)	 秦陶572 寺係	 秦陶576 寺係	 秦陶20 宮係
		 秦陶578 寺係	 秦陶27 係	 秦陶21 係
		 秦陶575 寺係	 秦陶30 係	 秦陶22 係
			 秦陶32 係	 秦陶26 係

伙　　　　　　　　　　　　　　　　弔

齊	秦	燕		齊
			伂	
 新陶四齊 058 陳伙	 新陶五秦 344 弔	 自怡.弔	 齊陶 0335 伂(叔)夜	 陶賞 18.2 陳弔立事歲 之□
 夕續 94 陳 伙	 新陶五秦 346 弔			
 夕續 961 陳 伙	 新陶五秦 347 弔			
 夕續 962 陳 伙	 新陶五秦 418 弔			

倈*	佯*	侸*		侄
燕	齊	齊		齊
 新陶四燕010 倈旃（看）敀戠（賀）  新陶四燕011 倈脸（臁）敀□  新陶四燕013 左缶（陶）倈□敀埜  新陶四燕033 倈剸（斷）□□	 集存 2·6 中隻圙（陽）里人佯	 齊陶 0282 侸	 齊陶 0107 櫜陳⺕（得）叁侄  齊陶 0200 陳宴再侄	 齊陶 0100 櫜陳⺕（得）叁侄  齊陶 0101 □陳□叁侄  齊陶 0102 □陳□叁侄  齊陶 0106 櫜陳⺕（得）叁侄

佀* 佳* 免*

晉	燕	秦		
 新陶四魏043 匋(陶)佀	 新陶四燕040 左缶(陶)攻(工)佳	 戎陶037 咸芮里免	 燕齊001 左缶(陶)倲湯故國	 新陶四燕023 倲剸(斷)□□
 新陶四魏043 匋(陶)佀		 戎陶038 咸芮里免	 燕齊002 倲敢故戠(賀)	 新陶四燕025 倲 旃(看)故戠(賀)
		 戎陶040 咸芮里免	 自怡.倲旃(看)故戠(賀)	 新陶四燕027 倲□故國
			 集存4・4 倲敢故戠(賀)	 集存4・3 倲旃(看)故戠(賀)

化	真	⿰亻盂*	⿰亻屖*	佐*
齊	秦	齊	秦	秦
 齊陶 0926 繇巷大匋(陶)里化	 鑒陶 054 咸郱里真	 陶成 5.21.122.1 ⿰亻盂□	 秦陶 183 ⿰亻屖	 秦陶 2977 大田佐敖童曰未

并		從	良	頃
燕		秦	秦	秦
 自怡.并	 秦陶 2122 寺從	 秦陶 268 從	 秦陶 1328 樂良	 秦陶 1932 咸邑如頃
 集存 5・60 右□并		 秦陶 2120 寺從		 秦陶 1933 咸邑如頃
		 秦陶 2471 從		
		 秦陶 2121 寺從		

北

		齊		秦
 齊陶 0061 北郭陳□□	 齊陶 0038 北郭陳喜僕	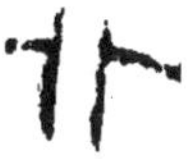 齊陶 0027 北郭陳喜纆	 秦陶 3411 □并兼天下諸□	 秦陶 3356 盡并兼天下諸矦
 齊陶 0062 北郭陳□□	 齊陶 0039 北郭陳喜丁	 齊陶 0031 北郭陳喜僕	 新陶五秦 198 皇帝盡并兼天下諸矦	 秦陶 3361 盡并兼天下□矦
 新陶四齊 238 北里壬	 齊陶 0046 北郭陳喜杋	 齊陶 0032 北郭陳喜僕		 秦陶 3366 盡并兼□□□□
 新陶四齊 239 北里壬	 齊陶 0057 北郭□□□	 齊陶 0033 北郭陳喜僕		 新陶五秦 199 皇帝盡并兼

秦				
 新陶五秦 039 北司	 夕續 24.1 北□	 新陶四齊 068 王卒左 𣪘(軌)□圙 (陽)北里五	 齊陶 0764 北里导(得)	 齊陶 0408 王卒左𣪘 (軌)□圙 (陽)北里五
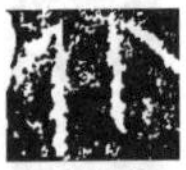 秦陶 233 北		 新陶四齊 236 北里壬	 齊陶 0765 北里导(得)	 齊陶 0410 王卒左𣪘 (軌)□圙 (陽)北里五
 秦陶 234 北		 夕續 24.2 北郭	 齊陶 0766 北里何	 齊陶 0750 北里五
 秦陶 235 北		 新陶四齊 360 闢封北	 齊陶 0767 北里何	 齊陶 0759 北里壬

丘　　　冀

	齊	秦		
 齊陶 0583 丘齊平里安(安)臁	 齊陶 0575 丘齊平里王厍奭	 秦陶 1351 冀稺(稚)	 秦陶 1250 北司	 秦陶 240 北
 齊陶 0584 丘齊炶□□通	 齊陶 0579 丘齊辛里之䍜(胡)	 秦陶 1353 冀□	 秦陶 2827 北司	 秦陶 1089 北司
 遺珍 145 觑 丘巷	 齊陶 0580 丘齊辛里之䍜(胡)		 秦陶 3124 北園吕氏缶容十斗	 秦陶 1154 北司
 遺珍 146 觑 丘巷	 齊陶 0582 丘齊辛里乘		 秦陶 3196 北司	 秦陶 1249 北司

眾

	齊	秦	燕	
			垂	
 齊陶 0464 城圖(陽)眾	 齊陶 0439 城圖(陽)眾	 秦陶 638 麗 □丘向	 樂陶. 垂 (丘) 加注“丌” 聲。	 新陶四齊 064 蔽丘
 齊陶 0686 楚郭巷關里 眾	 齊陶 0458 城圖(陽)眾	 秦陶 1344 廢丘□		 新陶四齊 173 丘齊坫 里王□
 齊陶 1250 □眾	 齊陶 0459 城圖(陽)眾			 齊拓. 丘齊 平里穴連
 齊陶 1358 眾	 陶成 5.03. 37.1 平里眾			

重

秦	晉	燕		
 秦陶 110 櫟陽重	 新陶四韓 090 重	 新陶四燕 227 缶(陶) 眾	 新陶四齊 253 眾	 齊陶 1425 眾
 秦陶 2109 咸重成積	 集存 5・18 匋(陶)馬重 (童)		 新陶四齊 254 眾	 新陶四齊 200 城圖 (陽)眾
 秦陶 2113 咸重成積			 新陶四齊 255 眾	 新陶四齊 203 城圖 (陽)眾
 秦陶 2741 咸重成鳥			 鑒陶 036 城 圖(陽)眾	 新陶四齊 204 城圖 (陽)眾

監	量			
晋	秦		晋	
湿				
 新陶四趙 019 椁湿(監)	 新陶五秦 197 瀌度量則	 新陶四魏 003□量牛	 集存 5・1 十亖(敦)中石丌異量牛	 秦陶 2748 咸重成遬
 新陶四趙 019 椁湿(監)	 新陶五秦 198 瀌度量則		 集存 5・2 十亖(敦)中石丌異量牛	 秦拓. 咸重成遬
	 秦陶 3362 瀌度量		 集存 5・3 中石丌異量牛	 秦拓. 咸重城癰
	 秦陶 3399 瀌度量		 集存 5・8 丌或異量	

衣		身		臨
秦		秦		秦
 秦陶 111 咸陽衣	 新陶五秦 457 身	 新陶五秦 351 身	 新陶五秦 172 臨菑亭久	 秦陶 110 臨晋菲
 秦陶 116 咸陽衣	 新陶五秦 458 身	 新陶五秦 352 身		 秦陶 1199 臨晋翏
 秦陶 137 咸衣		 新陶五秦 353 身		 秦陶 1202 臨晋廖
 秦陶 283 右衣		 新陶五秦 427 身		 新陶五秦 171 臨菑亭久

襄	褏	裔	袍	
秦	晉	秦	秦	
 新陶五秦 066 王襄	 集存 5・28 匋(陶)褏	 新陶五秦 366 裔  新陶五秦 367 裔  新陶五秦 446 裔	 秦拓.咸部 陽袍	 秦陶 2796 衣

		卒	衦	被
		齊	燕	秦
 陶成 1.002 .1 王卒之粈	 陶成 1.008 .1 王卒之豆	 新陶四齊 067 王卒左 𣪘(軌)城圖 (陽)蔮里□ 卒	 集拓.燕 18 右宮衦	 秦拓.咸□ 里被
 集存 3・7 王卒左𣪘 (軌)□圖 (陽)櫙里土	 齊陶 0408 王卒左𣪘 (軌)□圖 (陽)北里五	 齊陶 0395 王卒左𣪘 (軌)城圖 (陽)櫙里尘		
	 齊陶 0410 王卒左𣪘 (軌)□圖 (陽)北里五	 齊陶 0396 王卒左𣪘 (軌)城圖 (陽)櫙里尘		
	 集存 3・50 王卒之區	 齊陶 0402 王卒左𣪘 (軌)城圖 (陽)櫙里五		

䄜*

				齊
	衷	夆		
 齊陶 1197 衷(䄜)子里 㝵(得)	 齊陶 1187 子衷(䄜)里 人腰	 齊陶 1193 子夆(䄜)子 里人□	 新陶四齊 207 子䄜子 里曰乙	 齊陶 1182 子䄜子里曰 宜乘
 齊陶 1198 衷(䄜)子里 㝵(得)	 齊陶 1188 子衷(䄜)里 人腰	 齊陶 1181 子夆(䄜)子 西里人爲公 飯豆者	 集存 3・3 子䄜子里曰 臧(臧)	 齊陶 1183 子䄜子里曰 宜乘
 齊陶 1200 衷(䄜)子里 㝵(得)	 齊陶 1189 子衷(䄜)里 人腰	 集存 3・4 子夆(䄜)子 里人醯		 齊陶 1184 子䄜子里曰 宜乘
 燕齊 159 衷 (䄜)子里得	 齊陶 1195 衷(䄜)子里 脬			 齊陶 1186 子䄜子里曰 乙

耆　　　　求　　　褰*

秦	燕	齊	晋	
 秦拓.咸高平耆	 新陶四燕270求	 齊陶1353求  齊陶1422求	 新陶四晋112盘褰	 齊陶1211子裘(袢)子里人□ “縫”之異體

耇*　　　　　　　　　　　　　壽

齊	秦	燕		齊
⿰土吉				
 齊陶 0579 丘齊辛里之⿰土吉(胡)	 新陶五秦 225 壽	 木葉.缶(陶)攻(工)壽	 燕齊 191 大蒦圚(陽)壽所爲	 齊陶 0381 大蒦圚(陽)壽所爲
 齊陶 0580 丘齊辛里之⿰土吉(胡)	 秦陶 1803 咸亭沙壽□器	 遺珍 231 壽	 燕齊 120 大蒦圚(陽)壽所爲	 齊陶 0877 蒦圚(陽)壽所爲
 集存 3・20 丘齊辛里之⿰土吉		 集拓.燕 46 □攻(工)壽	 集存 3・42 □壽□爲	 齊陶 0878 大蒦圚(陽)壽□□
				 新陶四齊 015 大蒦圚(陽)壽所爲

居			毛	耊*
	秦	燕	秦	齊
 秦陶 1442 氏居貲公士富	 秦陶 1279 居室	 新陶四燕 096 右宮居顧	 秦陶 590 宮毛	 陶成 5.05.311.1 東酷里耊璋
 秦陶 1444 平陰居貲北游公士滕	 秦陶 1436 東武居貲上造慶忌	 新陶四燕 097 右宮居顧		
 集存 6・31 居室	 秦陶 1440 博昌居此(貲)□里不更余	 新陶四燕 098 右宮居顧		
	 秦陶 1441 楊民居貲大	 木葉. 畋居		

履	屈	屖*	尼	臀
晋	秦	晋	秦	齊
頫				腓
 新陶四韓058 肴(尹)履	 秦陶 245 屈	 新陶四韓021 亭屖	 秦陶 1608 咸鄘里尼	 步黟堂.圦腓(臀)
 新陶四韓059 肴(尹)履	 秦陶 246 屈		 秦陶 1616 咸鄘里尼	
	 秦陶 247 屈			
	 秦陶 270 屈			

允		方	船	
秦	秦	齊	秦	
				屛
 戎陶 080 咸允蒷午	 西安圖 200 楊毋方	 齊陶 0778 蒦圆(陽)南里東方瞿	 秦陶 883 都船工疕	 新陶四晋 080 履
 戎陶 081 咸允蒷午	 西安圖 200 楊毋方		 秦陶 886 都船工疕	 新陶四晋 081 履
			 秦陶 887 都船	 新陶四晋 084 履
				 新陶四晋 083 履

親		積	兢	兑
秦		秦	燕	晉
			⿱丰克	
 秦陶 200 咸陽親	 秦陶 1144 左積	 秦陶 93 宫積	 新陶四燕 100 右宫⿱丰克（兢）	 新陶四韓 039 厲兑
	 秦陶 2109 咸重成積	 秦陶 94 宫積	 新陶四燕 101 右宫⿱丰克（兢）	 新陶四韓 041 骺兑
	 秦陶 2113 咸重成積	 秦陶 95 宫積		
		 秦陶 919 楊工積		

欣			歊	欱
	秦		秦	晋
 秦陶 2663 咸郿里欣	 秦陶 1846 咸郿里欣	 秦陶 1509 左司歊瓦	 秦拓. 歊	 新陶四韓 038 馬欱
 秦陶 2665 咸郿里欣	 秦陶 1853 咸陽下欣	 秦陶 1516 左司歊瓦	 秦陶 1501 左司歊瓦	
 秦陶 2666 咸郿里欣	 秦陶 2661 咸郿里欣	 秦陶 2263 歊	 秦陶 1502 左司歊瓦	
	 秦陶 2662 咸郿里欣	 秦陶 2594 歊	 秦陶 1505 左司歊瓦	

欬	歉	歜	歐	款
秦	秦	秦	秦	秦
 秦陶 62 宮欬	 新陶五秦 197 不壹歉疑者	 秦陶 2977 以爲右庶長歜宗邑	 秦陶 884 都歐	 新陶五秦 309 款
 秦陶 64 宮欬	 新陶五秦 198 不壹歉疑者	 秦拓.□歜	 秦陶 1928 東□歐	
 秦陶 65 宮欬			 新陶五秦 373 歐	
 秦陶 66 宮欬				

炏*

		晋		
		 新陶四韓043隉(鄓)炏	 秦陶74宫欬	 秦陶68宫欬
			 秦陶1117欬	 秦陶69宫欬
				 秦陶71宫欬
				 秦陶2298欬

新出古陶文文字編卷九

頭

秦

秦陶 1360
安邑工頭

顛

秦

秦陶 800 大顛

秦陶 801 大顛

秦陶 1041
寺顛

秦陶 1246
大顛

新豐.顛

秦陶 2003
大顛

顝

秦

秦陶 2977
卑司御不更顝封之

秦陶 2977
顝以四年冬十壹月癸酉封之

煩	顫	頗	順	願
秦	秦	秦	秦	燕
 秦陶 584 宮煩	 秦陶 1367 當陽顫	 秦陶 99 宮頗	 新陶五秦 293 順	 新陶四燕 098 右宮居願
 秦陶 2000 宮煩		 秦陶 100 宮頗		 集拓.燕 97 願
 秦陶 861 宮煩				
 秦陶 862 宮煩				

𩑋*　　𧴩*

秦	齊			
 二秦 43 𩑋	 齊拓.左南郭巷辛匋(陶)里𧴩	 秦陶 1274 宮煩	 秦陶 1056 宮煩	 秦陶 3062 宮煩
 秦拓.𩑋		 秦陶 2000 宮煩	 秦陶 1061 宮煩	 秦陶 1051 宮煩
			 秦陶 1066 宮煩	 秦陶 1052 宮煩
			 秦陶 1150 宮煩	 秦陶 1053 宮煩

首		丏		頣*
	秦	燕	商	燕
 秦陶 3377 黔首大安	 新陶五秦 207 黔首大安	 新陶四齊 245 千丏(万)	 新陶二 036 □公丏(万)敦鬮乍(作)父辛尊彝	 新陶四燕 231 缶(陶)頣
 秦陶 3393 黔首□□	 秦陶 3353 黔首大安	 新陶四燕 249 千丏(万)		
	 秦陶 3356 黔首大安	 燕齊 078 千丏(万)		
	 秦陶 3359 黔首大安			

文			弱	彫
秦	燕	齊	秦	齊
 秦陶 2977 周天子使卿大夫辰來致文武之酢	 新陶四燕 186 缶(陶)攻(工)文	 齊陶 1400 文	 秦陶 678 右弱	 遺珍 035 丘齊巷桼彫里㝵(得)
 集存 6・14 咸郚里文	 新陶四燕 250 文		 秦陶 679 右弱	 齊陶 0574 丘齊巷桼彫里㝵(得)
 秦陶 129 文	 集存 4・53 南文			
 秦陶 2305 文				

司　　髦

秦	晉	齊	秦	
 秦陶 2977 卑司御不更 顝封之	 新陶四趙 002 司馬	 集存 1·31 蒦圆(陽)南 里司馬	 秦陶 1582 咸鄏里髦	 秦陶 2306 文
 秦陶 2977 司御心志	 新陶四趙 005 司工	 齊陶 1365 司	 秦拓. 咸髦 下虒	 秦陶 2307 文
 新陶五秦 039 北司	 新陶四平 017 司寇豊	 齊陶 1365 司		 秦陶 2569 文
 新陶五秦 041 左司高 瓦		 齊陶 1365 司		

卿　印　鄉*

商	晉	齊		
 新陶二 079 卿	 新陶四韓 025 廿一年以來,印	 陶成 5.08.2.1□丘巷東鄉里翏忐	 秦陶 694 左司	 秦陶 642 左司空
 新陶二 080 卿		 天印 118 東鄉里	 秦陶 695 左司	 秦陶 1462 左司高瓦
			 秦陶 696 左司	 秦陶 2769 北司
			 秦陶 3196 北司	 秦陶 670 右司空眛

匋　　　　勹　　辟

晋		燕	秦	秦
 集存 5・20 匋(陶)匋	 新陶四燕 048□□市 王勹	 新陶四燕 042 亩城都 王勹鍴(瑞)	 秦陶 2722 咸臣西辟	 秦陶 2977 周天子使卿 大夫辰來致 文武之酢
	 新陶四燕 050 喚都王 勹鍴(瑞)	 新陶四燕 043 亩城都 王勹鍴(瑞)	 步黟堂.東 辟里陰	 戎陶 089 左 甄卿(鄉)瓦
	 燕齊 087 勹	 新陶四燕 044 亩城都 □王勹鍴 (瑞)	 步黟堂.東 辟里陰	
		 燕齊 097 勹	 二秦 36 咸 東辟□	

	敬		苟	豖
	秦	晉	晉	晉
 秦陶 1739 敬事	 秦陶 133 咸陽敬	 新陶四晉 096 日敬之	 集存 5・34 匋(陶)苟	 新陶四魏 060 豖
	 秦陶 1863 敬		 集存 5・34 匋(陶)苟	
	 秦陶 135 咸敬		 集存 5・34 匋(陶)苟	
	 秦陶 136 咸敬			

禺	醜	魃		鬼
齊	秦	秦	秦	齊
 齊陶 0960 東酷里匋(陶)禺	 秦陶 2483 咸亭陜陽醜器	 任家嘴圖 183 王魃	 秦陶 3269 鬼	 齊陶 0956 繇巷中匋(陶)里鬼  燕齊 383 繇巷大匋(陶)里鬼

		山	巍	厶
燕		齊	秦	齊
 新陶四燕187缶(陶)攻(工)山	 齊陶0169陳中山立愆	 齊陶0165陳中山賸	 秦陶105宫巍	 齊陶1261厶(私)坾(璽)
 陶賞13.2缶(陶)攻(工)山	 新陶四齊046陳中山賸	 齊陶0166陳中山		
		 齊陶0167陳中山賸		
		 齊陶0168陳中山賸		

庫　　廚　　府

齊	秦	燕	秦	
		㢊		
 夕續 121 陳庫	 秦陶 633 六廚	 集存 4・59 㢊(府)	 秦陶 624 麗山飤官	 鑒陶 009 缶(匋)山
 夕續 122 陳庫立事	 秦陶 637 山□廚		 秦陶 628 麗山飤官右	 集存 5・38 缶(匋)山
秦				
 新陶五秦 070 七庫				 集存 5・38 缶(匋)山
				 二晉 36 缶(匋)山

⿸厂馬*	厍*	庶	廣	廐
晋	齊	秦	秦	秦
 新陶四韓 039 ⿸厂馬兑	 齊陶 0575 丘齊平里王 厍奭	 秦陶 2977 大良造庶長 游出命曰	 秦陶 1826 咸廣里高	 秦陶 1370 宫廐
 新陶四韓 033 ⿸厂馬□		 新陶五秦 043 立少庶 子	 秦陶 2690 咸廣里高	
 新陶四韓 034 ⿸厂馬				
 新陶四韓 035 ⿸厂馬□				

礦	石		危	
秦	秦	晉	秦	
釙				
 秦陶 222 十釙	 秦陶 2525 咸陽成石	 新陶四魏 002 中石丌異量牛	 秦陶 113 咸陽危	 新陶四韓 03 厜
 秦陶 223 釙	 秦陶 2996 石	 集存 5・3 中石丌異量牛	 秦陶 114 咸陽危	
	 秦陶 3148 石米余	 集存 5・6 十亖(敦)中石丌異□□		
	 秦陶 3244 平里一石二斗			

長　⿱厶台*　硻

	晋	燕	晋	秦
 歷博 23 長緦	 新陶四趙 022 長質  新陶四趙 023 長陞  新陶四趙 023 長陞  新陶四趙 024 長走	 自怡. 長生	 集存 5・35 匋(陶)⿱厶台	 秦陶 2715 咸鄜里硻

易

			齊	秦
 夕續 14□ 易(陽)陳导	 齊陶 0277 平易(陽)市 □	 齊陶 0094 奠易(陽)陳 导(得)叁朔	 新陶四齊 028 奠易 (陽)陳导 (得)叁□	 秦陶 2977 以爲右庶長 歜宗邑
 夕續 18.1 □易(陽)	 集存 2・13 易里人分前	 齊陶 0095 奠易(陽)陳 导(得)叁	 齊陶 0088 奠易(陽)陳 导(得)叁□	
 夕續 18.2 □易(陽)	 齊陶 1214 易(陽)里人 賭	 齊陶 0096 奠易(陽)陳 导(得)叁□	 齊陶 0090 奠易(陽)□ 导(得)□□	
 新陶四齊 154 蒦圆 (陽)易里學 (瞿)	 夕續 13 墓 易(陽)陳□	 齊陶 0276 平易(陽)廩	 齊陶 0093 奠易(陽)陳 导(得)叁朔	

⿰豕氐*　　丹

	齊	秦	秦	燕
 鑒陶 018 楚郭巷蔽里⿰豕氐  燕齊 341 楚郭巷蔽里⿰豕氐	 齊陶 0609 □□巷蔽里⿰豕氐  齊陶 0610 楚郭巷櫙里⿰豕氐  新陶四齊 094 楚郭巷蔽里⿰豕氐  鑒陶 050 楚郭巷里蔽里⿰豕氐	 秦陶 250 丹  秦陶 251 丹	 秦陶 1253 北昜(陽)  西安圖 199 昜一斗	 新陶四燕 046 昜(陽)安都王勹  燕齊 089 昜

象	豹	豚	⿰豕夫*	⿰豕亢*
齊	晋	秦	齊	齊
	犳			
 夕續 113 陳象	 新陶四晋 049 犳(豹)	 新陶五秦 470 豚	 齊陶 0793 蒦圆(陽)南里人⿰豕夫	 鑒陶 019 楚郭巷櫙里⿰豕亢
 夕續 114 陳象立			 齊陶 0794 蒦圆(陽)南里人⿰豕夫	 集存 2・19 楚郭巷櫙里⿰豕亢
 齊拓.繇巷中匋(陶)里象				

豫

				秦
				 秦陶 1661 咸少原豫  集存 6・19 咸少原豫

新出古陶文文字編卷十

馬

晉			齊
 新陶四趙002 司馬	 齊陶0711 關里馬□	 齊陶0709 關里馬忔	 新陶四齊109 關里馬忔
 集存5·18 匋(陶)馬重(童)	 齊陶0902 中蒦圆(陽)里馬敀旨	 陶成5.04.71.3 關里馬忔	 新陶四齊265 馬
	 集存2·29 關里馬忔	 齊陶0705 關里馬忔	 齊陶0703 關里馬忔
	 集存3·23 丘齊辛里郱馬□	 齊陶0707 關里馬忔	 齊陶0708 關里馬忔

驕	鶩	駽	駒	
秦	秦	燕	燕	秦
 秦陶 2617 咸鄜里驕	 秦拓.咸屈里鶩	 自恰.駽	 自恰.右宮駒	 新陶五秦 212 馬
		 燕齊 111 駽		 秦陶 1409 馬

騷	馮	駕	騎	騯
秦	秦	秦	晉	燕
			⿰馬可	⿰馬方
 秦陶 2354 □騷	 秦陶 2966 馮氏十斗	 秦陶 2659 咸完里駕	 新陶四韓 056 ⿱尹月(尹) ⿰馬可(騎)	 新陶四燕 243 莧⿰馬方 (騯)

灋	⿰馬丹*	驛	騶	駔
秦	齊	秦	秦	秦
 秦陶 3353 灋度量	 齊拓.丘齊炶里王⿰馬丹	 秦陶 1445 平陽驛	 秦陶 3324 騶	 秦陶 1545 咸郿里駔
 秦陶 3362 灋度量			 秦陶 3325 騶	 秦陶 1550 咸郿里駔
 秦陶 3374 灋度量			 秦陶 3326 騶	
 新陶五秦 197 灋度量則				

麗	鹿			
秦	秦		齊	
 秦陶 623 麗山飤官右	 秦陶 2464 鹿	 齊陶 0801 隻圖(陽)南里鹿	 齊陶 0621 楚郭巷櫨里鹿	 新陶五秦 198 瀘度量則
 秦陶 624 麗山飤官		 齊陶 1386 鹿	 齊陶 0622 楚郭巷櫨里鹿	 新陶五秦 203 瀘度量則
 秦陶 626 麗山飤官右		 集存 1・37 蒦圖(陽)南里人鹿	 齊陶 0623 楚郭巷櫨里鹿	
 秦陶 627 麗山飤官左			 齊陶 0625 楚郭巷櫨里鹿	

犬　　萈　　兔

齊	燕	秦		
 齊陶 0937 繇巷大匋(陶)里犬	 新陶四燕 243 萈騁(駹)	 戎陶 030 咸橋里兔	 秦陶 1378 麗市	 秦陶 628 麗山飤官右
			 秦陶 3319 麗市	 秦陶 634 麗山反
			 新豐. 麗市	 秦陶 636 麗邑五升
			 新豐. 麗市	 秦陶 638 麗丘向

獲	犯		狀	狗
齊	秦		秦	齊
隻				狗
 齊陶 0660 楚郭巷蔖里隻（獲）	 秦陶 2756 咸宜□犯	 秦陶 3357 乃詔丞相狀綰	 秦陶 1201 頻陽狀	 鑒陶 052 蒦圆（陽）南里匋（陶）狗
 齊陶 0801 隻（獲）圆（陽）南里鹿		 秦陶 3362 乃詔丞相狀綰	 秦陶 1352 漆狀	 陶成 5.02.29.1 城圆（陽）狗
 齊陶 1011 塙（高）閲（間）隻（獲）			 秦陶 3374 乃詔丞相狀綰	
 齊陶 1013 塙（高）閲（間）隻（獲）			 新陶五秦 198 乃詔丞相狀綰	

猶　獟

晋	齊	晋	秦	
 新陶四魏045 猶	 夕續41 陳猶	 新陶四趙037 事獟	 秦陶1290 降獲	 齊陶1215 中隻(獲)圆(陽)里人□
			 秦陶1292 降獲	 新陶四齊113 塙(高)閱(間)隻(獲)
				 齊陶0900 中隻(獲)圆(陽)里人佯
				 集存2·6 中隻(獲)圆(陽)里人佯

⿰犭俞*	⿰犭得*		⿰犭昜*	⿰犭西*
晋	燕	晋	燕	晋

歷博 22 文是⿰犭俞	步黟堂.夏⿰犭得	鑒陶 004 匋(陶)⿰犭昜	自怡.脸⿰犭昜	雙樓.里⿰犭西

閔　　猨*　　猏*

	晉		齊	燕
 新陶四韓 111 閔	 新陶四韓 105 閔	 新陶四齊 104 楚郭巷 關里猨	 齊陶 0668 楚郭巷關里 猨	 集存 4・57 猏
	 新陶四韓 106 閔	 集存 2・24 楚郭巷關里 猨	 齊陶 0669 楚郭巷關里 猨	
	 新陶四韓 106 閔		 齊陶 0670 楚郭巷關里 猨	
	 新陶四韓 110 閔		 齊陶 0671 楚郭巷關里 猨	

嬰*	炻*	煖	光	焦
秦	齊	秦	秦	晋
 秦陶 944 右司空嬰	 齊陶 0584 丘齊炻□□通	 秦陶 680 右煖	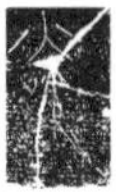 秦陶 3130 光	 新陶四韓 054 肙(尹)焦
	 陶成 5.03.14.1 丘齊炻里王和	 秦陶 949 右煖		 新陶四韓 055 肙(尹)焦
	 新陶四齊 173 丘齊炻里王□			

黔　　黑　　炶*

	秦	燕	燕	秦
 秦陶 3392 黔□大□	 秦陶 3353 黔首大安	 自怡.黔	 燕齊 090 黑	 秦陶 2091 左炶
 秦陶 3393 黔首□□	 秦陶 3359 黔首大安			 秦陶 2105 左炶
 秦陶 3394 黔□□□	 秦陶 3361 黔首大□			
 新陶五秦 197 黔首大安	 秦陶 3377 黔首大安			

大　　熒　　黖*

齊	商	秦	齊	
夻				
 齊陶 0357 □□大市	 新陶二 032 大	 新陶五秦 052 熒里□	 齊陶 0906 東蒦圆(陽)里公孫黖	 新陶五秦 201 黔首大安
 齊陶 0358 大市區				 新陶五秦 208 黔首大安
 齊陶 0359 大□九□				
 齊陶 0873 大蒦圆(陽)里匋(陶)者時				

 新陶四齊081 繇巷大匋(陶)里鎰	 新陶四齊001 大市區鋻	 齊陶 0926 繇巷大匋(陶)里化	 齊陶 0914 繇巷大匋(陶)里癸	 齊陶 0874 大蒦圆(陽)里匋(陶)者繆
 新陶四齊082 繇巷大匋(陶)里化	 新陶四齊070 繇巷大匋(陶)里□	 齊陶 0936 繇巷大匋(陶)里函	 齊陶 0915 繇巷大匋(陶)里癸	 齊陶 0884 大蒦圆(陽)里匋(陶)者捷
 新陶四齊083 繇巷大匋(陶)里安	 陶賞 5・2 大市褉月	 齊陶 0937 繇巷大匋(陶)里犬	 齊陶 0918 繇巷大匋(陶)里敭	 齊陶 0885 大蒦圆(陽)匋(陶)者乙
 新陶四齊084 繇巷大匋(陶)里安	 新陶四齊072 繇巷大匋(陶)里□	 齊陶 0946 大匋(陶)里悏	 齊陶 0925 □□大匋(陶)里悏	 齊陶 0912 繇巷大匋(陶)里安

秦	晉			
 新陶五秦044大官卅	 新陶四魏052大	 新陶四齊355齊大朊（刀）	 集存3·34大市九月	 新陶四齊147大蒦圆(陽)匋(陶)者忑
 新陶五秦197黔首大安	 洛陽3·9大□	 新陶四齊355齊大朊（刀）	 集存3·35大市氿月	 燕齊183大蒦圆(陽)匋(陶)者乙
 新陶五秦198黔首大安		 陶成1.067.1大市十月	 集存1·14繇巷大匋(陶)里安	 鑒陶020繇巷大匋(陶)里敫
 秦陶243大遬			 集存1·58大蒦圆(陽)匋(陶)者乙	 鑒陶051繇巷大匋(陶)里□

 秦陶 2814 大匠	 新陶五秦 029 咸鄏大夸	 新陶五秦 034 大匠	 秦陶 1003 大水	 秦陶 244 大遬
 新陶五秦 036 大匠得	 秦陶 2541 大匠	 秦陶 1245 大匠	 秦陶 1013 大水	 秦陶 566 大羥
 秦陶 3274 大辛	 秦陶 2812 大匠	 秦陶 1246 大顛	 秦陶 1019 大水	 秦陶 570 大羥
 秦陶 3283 大水	 秦陶 2813 大匠	 秦陶 1268 大□	 秦陶 1021 大水	 秦陶 790 大水

亦　　契　　夸

秦	秦	秦		
 秦陶 317 亦	 秦陶 1443 楊氏居貲武德公士契必	 秦陶 1572 咸鄽大夸	 秦陶 3198 大寅	 秦陶 3284 大水
		 新陶五秦 029 咸鄽大夸	 秦拓. 大寅	 秦陶 3356 黔首大安
			 秦陶 1889 大	 秦陶 2977 大田佐敖童曰未
				 秦陶 3119 大羥

壹	幸	吴		夾
秦	秦	燕		秦
 秦陶 2977 冬十壹月辛酉	 秦拓.咸如邑幸	 燕齊 077 左吴	 三門峽.夾(陜)亭	 秦陶 1136 夾(陜)亭
 秦陶 2977 冬十壹月癸酉		 燕齊 080 吴		 新陶五秦 155 夾(陜)亭
 秦陶 3360 則不壹歉疑者				 新陶五秦 156 夾(陜)亭
 秦陶 3364 □不壹□疑者				 新陶五秦 157 夾(陜)亭

皋	暴	亢	奢	
秦	晋	晋	秦	
 洛陽 4・119 成皋	 新陶四韓 087 暴	  新陶四韓 091 亢	 秦陶 1818 咸郱里奢  戎陶 019 咸郱里奢	 新陶五秦 203 不壹歉 疑  新陶五秦 205 皆明壹 之  新陶五秦 209 壹歉疑 者  新陶五秦 209 皆明壹 之

立		夫	耎	奔*
	齊	秦	秦	秦
 齊陶 0083 閭閈陳□立 僕	 遺珍 149 陳遇立事	 秦陶 1834 咸郚里夫	 秦拓. 咸淵 里耎	 秦陶 1104 奔□
 齊陶 0085 閭閈陳导 (得)立僕	 齊拓. 陳蒼 立事	 集存 6・18 咸郚里夫	 二秦 12 咸 淵里耎	 秦陶 1111 奔□
 齊陶 0149 陳戢(賀)立 事僕	 齊陶 0081 閭閈陳导 (得)立繮			
 齊陶 0151 陳戢(賀)立 事膔	 齊陶 0082 閭閈陳导 (得)立膔			

 齊陶 0315 立	 齊陶 0224 陳胣立事□	 齊陶 0179 陳思(愗)立事	 齊陶 0169 陳中山立徝	 齊陶 0152 陳戴(賀)立事僕
 齊陶 0325 立	 齊陶 0235 陳□立事□	 齊陶 0205 陳胣立事丁	 齊陶 0172 □□山立□	 齊陶 0156 陳戴(賀)立事脽
 齊陶 0341 閭門陳□叄立事□里𣪘(軌)亭□	 齊陶 0312 㝵(得)立	 齊陶 0210 陳丩立事丁	 齊陶 0176 陳思(愗)立事僕	 齊陶 0162 陳戴(賀)立事繮
 齊陶 0344 陳棱再立事左里𣪘(軌)亭釜	 齊陶 0313 㝵(得)立事	 齊陶 0222 陳□立	 齊陶 0177 陳思(愗)立事丁	 齊陶 0164 陳戴(賀)立事僕

 夕續 245.1 立事歲	 夕續 223.1 立事	 夕續 204.1 立	 夕續 130 陳屯再立事	 新陶四齊 052 立事歲釜
 夕續 247 立事歲之	 夕續 223.2 立事	 夕續 204.2 立	 夕續 137 中立	 新陶四齊 053□立事歲
 夕續 359.2 再立	 夕續 223.3 立事	 夕續 213.2 立事	 夕續 197.1 立	 夕續 127.2 陳便立事
 夕續 360 再立事	 夕續 231 立事	 夕續 216 立事	 夕續 198.1 立	 夕續 126 㝯立事

 夕續 509.1 □立事	 夕續 507.1 □立事	 夕續 371.1 立事歲之 釜	 夕續 363.2 再立事	 夕續 499.1 立
 夕續 509.2 □立事	 夕續 507.2 □立事	 夕續 503.2 □立	 夕續 364.2 叁立	 夕續 361.2 再立事
 夕續 510.1 □立事	 夕續 508.1 □立事	 夕續 505□ 立事	 夕續 365.1 叁立事	 夕續 362.1 再立事夕
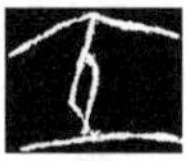 夕續 516 再 立	 夕續 508.2 □立事	 夕續 506□ 立事	 夕續 365.2 叁立事	 夕續 362.2 再立事

 夕續 85.1 淺立	 夕續 74.2 吉立事	 夕續 65.2 陳遇立事	 夕續 39.1 陳导立事	 夕續 517 再 立事
 夕續 90.1 □□慮立事	 夕續 75 吉 再立事	 夕續 66 陳 遇立事	 夕續 57 陳 遇立事	 夕續 511□ 立歲之
 夕續 111 宴 立	 夕續 82.3 逨淺立事	 夕續 69.1 陳榑立事歲	 夕續 64 陳 遇立	 夕續 38.1 陳导立事
 夕續 103 鄗 立事	 夕續 102.2 陳鄗立	 夕續 73 吉 立	 夕續 65.1 陳遇立事	 夕續 38.2 陳导立事

竭

秦		秦	晉	
 秦陶 2618 咸鄘里竭	 新陶五秦 210 立號爲 皇帝	 新陶五秦 043 立少庶 子	 新陶四趙 006 剴(半) 匿塙卸(御) 史肖宫(?) 立舷(校)	 夕續 104.2 晋立
 秦拓.咸沙 里竭	 秦陶 3356 立號爲皇帝	 新陶五秦 197 立號爲 □□	 新陶四趙 028 小帀立 赼	 夕續 363.1 再立事
	 秦陶 3361 立號爲皇帝	 新陶五秦 198 立號爲 皇帝		
		 新陶五秦 201 立號爲 皇帝		

心	思	玗*	琟*	⿰王長*
齊	燕	燕	齊	燕
 齊陶 0577 丘齊辛里郱 大心  集存 3・22 丘齊辛里郱 大心  齊陶 1390 心	 集拓. 燕 94 思	  新陶四燕 242 尘玗	 新陶四齊 138 蒦圆 (陽)匋(陶) 里人□琟  齊陶 0815 蒦圆(陽)匋 (陶)里人□ 琟  齊陶 0816 蒦圆(陽)匋 (陶)里人□ 琟  集存 1・55 蒦圆(陽)匋 (陶)里人□ 琟	 新陶四燕 291 ⿰王長

志	息			
秦		晋	燕	秦
 秦陶 2760 利志	 二晋 26 匋(陶)息	 新陶四魏 023 匋(陶)息	 木葉. 息	 秦陶 2977 司御心志
 秦陶 2977 司御心志	 鑒陶 014 匋(陶)息	 新陶四魏 032 匋(陶)息	 燕拓 37 缶(陶)攻(工)息	
	 鑒陶 003 匋(陶)息	 新陶四魏 034 匋(陶)息		
	 集存 5・25 匋(陶)息	 新陶四魏 035 匋(陶)息		

悊	忻	快	忠	意
晋	晋	晋	秦	秦
 新陶四韓051家悊 多讀爲“慎”	 新陶四韓022亭忻	  新陶四韓092快	 新陶五秦016咸亭黄棘忠器  集存6·3咸亭黄棘忠器	 秦陶1682咸亭完里意器

慶			息	怡
秦	晉	齊	燕	齊
 新陶五秦 324 慶	 集存 5・17 慶君子	 齊陶 0847 蔓圙(陽)匋(陶)里人慶	 陶賞 12.2 息	 齊陶 0911 繇巷大匋(陶)里怡
 秦陶 140 慶	 集存 5・42 匋(陶)慶	 陶成 5.05.202.1 蔓圙(陽)匋(陶)里人慶		 燕齊 392 繇巷大匋(陶)里怡
 秦陶 138 咸慶		 集存 1・49 蔓圙(陽)匋(陶)里人慶		
 秦陶 139 咸陽慶				

惄			惥	怙
		齊	齊	齊
		恖		
 新陶四齊035 陳恖(惄)□事膸	 齊陶 0179 陳恖(惄)立事丁	 齊陶 0177 陳恖(惄)立事丁	 齊陶 0527 城圆(陽)惥	 齊陶 1001 塙(高)�
 夕續 498 恖(惄)立	 齊陶 0190 陳恖(惄)	 齊陶 0176 陳恖(惄)立事僕	 齊陶 0528 城圆(陽)惥	 新陶四齊 120 塙(高)�
	 新陶四齊 032 陳恖(惄)□事丁	 齊陶 0175 陳恖(惄)立事僕		
	 齊陶 0180 陳恖(惄)立事膸	 齊陶 0178 陳恖(惄)立事丁		

		悆	悭	愜
	晉	齊	齊	燕
𢡃				
 新陶四韓061 肙(尹)𢡃  新陶四韓064 肙(尹)𢡃  新陶四韓065 肙(尹)𢡃 或從"敘"聲，聲符繁化。	 新陶四韓025□悆	 齊陶 1452 悆	 齊陶 0776 蒦圆(陽)南里公孫悭	 新陶四燕245 甚愜

悍　　　忒

		秦	齊	燕
 秦陶 2206 悍	 秦陶 1821 咸安處悍	 秦拓.咸安 處悍	 齊陶 0860 □□匋(陶) 里陳悍	 自怡.忒
	 秦陶 2197 悍	 秦拓.悍	 新陶四齊 080 繇巷大 匋(陶)里悍	
	 秦陶 2199 悍	 秦陶 289 悍		
	 秦陶 2203 悍	 秦陶 291 悍		

忿	忌	惑	悝	怳
秦	秦	齊	秦	燕
 秦陶 1800 咸亭涇里忿器	 秦陶 1436 東武居貲上造慶忌	 集存 2・47 東酷里惑	 秦拓. 咸如邑悝	 新陶四燕 001 缶(陶)攻(工)怳
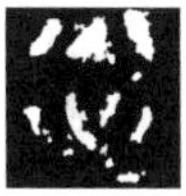 二秦 3 咸亭□忿器			 秦拓. 咸如邑悝	 新陶四燕 301 怳□
				 燕齊 004 缶(陶)攻(工)怳
				 集存 4・14 缶(陶)攻(工)怳

怛			恚	悁
		齊	秦	秦
 齊陶 0023 陳怛牽	 齊陶 0010 陳怛□	 齊陶 0001 陳怛膔	 秦陶 2619 咸亭當柳恚器	 秦陶 153 悁
 齊陶 0014 陳怛朔	 齊陶 0011 陳怛□	 齊陶 0002 陳怛膔		 秦陶 963 左悁
 齊陶 0021 □怛亭	 齊陶 0012 陳怛朔	 齊陶 0003 □怛膔		 秦陶 1474 左司悁瓦
 齊陶 0019 陳怛亭	 齊陶 0013 陳怛朔	 齊陶 0006 陳怛□		 新陶五秦 371 悁

恐　㥦　悲

秦	齊	秦	晉	
 戎陶 021 咸陳里恐	 齊拓. 賈巷匋(陶)里人㥦  陶成 5.06.19.1□南郭巷□匋(陶)里㥦	 新陶五秦 217 悲	 二晉 27 匋(陶)怛	 齊陶 0020 陳怛亭

忕* 虑* 惎

秦	燕			齊
				忎
 秦陶 2469 忕	 木葉．虑	 新陶四齊 153 大蒦圆 (陽)匋(陶) 者忎(惎)	 新陶四齊 145 大蒦圆 (陽)匋(陶) 者忎(惎)	 齊陶 0863 蒦圆(陽)匋 (陶)里忎 (惎)
 秦陶 2470 忕		 集存 1・41 蒦圆(陽)南 里忎(惎)	 新陶四齊 147 大蒦圆 (陽)匋(陶) 者忎(惎)	 齊陶 0888 大蒦圆(陽) 匋(陶)者忎 (惎)
 秦陶 2473 忕		 陶成 5.05. 168.1 蒦圆 (陽)匋(陶) 里忎(惎)	 郳陶．薛(?) 惎子之度恂 (量)也	 齊陶 0964 酷里人忎 (惎)
 秦拓．忕			 燕齊 181 大 蒦圆(陽)匋 (陶)者忎 (惎)	 新陶四齊 140 大蒦圆 (陽)匋(陶) 者忎(惎)

⿰忄旂*	忐*	⿱⿰彳乇心*	⿰忄厷*	忳*
齊	齊	齊	齊	齊
 齊陶 0353 □巷陳⿰忄旂左敀(軌)檐均釜	 齊陶 0192 陳忐	 齊陶 0169 陳中山立⿱⿰彳乇心	 夕續 108.1 陳⿰忄厷	 齊陶 0979 曹不忳
	 齊陶 1242 翏忐	 齊陶 0170 陳中□立⿱⿰彳乇心	 夕續 108.2 陳⿰忄厷立	 齊陶 0981 曹不忳
	 陶成 5.08.2.1□丘巷東缈里翏忐	 集存 1・22 繇巷東匋(陶)里人⿱⿰彳乇心	 夕續 109 ⿰忄厷立事	

⿰忄矣*	⿱制心*	憢*	恦*	⿱丘心*
齊	齊	齊		齊
 齊陶 0946 大匋(陶)里⿰忄矣  齊陶 0971 左南郭巷辛匋(陶)里⿰忄矣  集存 2・45 東酷里溛⿰忄矣 又見卷十四"疑"。	 齊陶 0813 蒦圚(陽)匋(陶)里人王⿱制心  齊陶 0814 蒦圚(陽)匋(陶)里人王⿱制心  燕齊 248 蒦圚(陽)匋(陶)里人⿱制心	 齊陶 0790 蒦圚(陽)南里人憢  燕齊 228 蒦圚(陽)南里人憢	  邾陶.薛(?)基子之度恦(量)也 讀爲"量"	 齊陶 0843 蒦圚(陽)匋(陶)里人⿱丘心  齊陶 0844 蒦圚(陽)匋(陶)里人⿱丘心  燕齊 116 蒦圚(陽)匋(陶)里人⿱丘心  燕齊 234 蒦圚(陽)南里人⿱丘心

醻*	懇*	慇*	慾*	𢜶*
齊	齊	齊	齊	齊
 新陶四齊206子衤夆子里人醻  集存3・4子夆子里人醻	 新陶四齊050王孫陳懇叄右□亭釜	 齊拓.東蒦圖(陽)里公孫慇	 集存2・48酷里慾	 齊陶1416𢜶  集存1・34蒦圖(陽)南里𢜶

窻*	㤅*	幾*	恭*	懕*
燕	燕	燕	燕	燕
 木葉.窻	 木葉.㤅	 新陶四燕298 幾	 新陶四燕105 左缶(陶)攻(工)恭	 集拓.燕 7 左宫余懕

𢚩* 悆*

		晋		晋
		 新陶四趙 040 𢚩□	 集存 5・40 匋(陶悆)	 新陶四趙 012 事即悆
			 二晋 32 匋(陶)悆	 新陶四趙 011 事即悆
				 新陶四趙 012 事即悆
				 集存 5・40 匋(陶)悆

新出古陶文文字編卷十一

水

齊	秦		
 新陶四齊 317 水	 秦陶 2977 取杜才酆邱到潏水	 秦陶 741 左水	 秦陶 821 大水
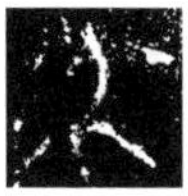 新陶四齊 317 水	 秦陶 559 左水疕	 秦陶 745 左水	 秦陶 839 寺水
	 秦陶 711 右水	 秦陶 748 左水	 秦陶 879 宮水
	 秦陶 719 左水	 秦陶 750 左水	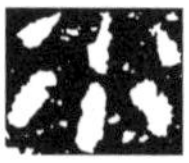 秦陶 997 左水

涇	溫	江	河	
秦	秦	晉	燕	
 秦陶 1800 咸亭涇里忿器	 秦拓. 曹溫	 新陶四魏 058 江隼（觹）	 新陶四燕 041 河楠五魚鉨	 秦陶 3120 左水疒
 秦陶 1801 咸亭涇里僓器				 秦陶 3284 大水

澌	淇	漆		汧
齊	晉	秦		秦
	沂			
 新陶四齊156 中蔑圖(陽)里匋(陶)澌	 新陶四魏001 淇□市斗臾(斞)璽	 秦陶 1352 漆狀	 秦陶 1232 汧南	 秦陶 1207 汧敢
 齊陶 0892 中蔑圖(陽)里匋(陶)澌		 秦拓.漆亭		 秦陶 1208 汧敢
 齊拓.中蔑圖(陽)里匋(陶)澌				 秦陶 1209 汧□
 集存 2·1 中蔑圖(陽)里澌				 秦陶 1231 汧南

沽		洋	洹	泄
秦	晉	秦	齊	秦
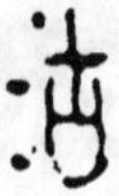 秦陶 1236 頻沽	 新陶四韓 027 𩫖(淳)沽	 新陶五秦 054 茫洋	 薛河. 洹□	 秦拓. 咸少原泄
				 戎陶 059 咸少原泄

泥	衍	潮		
秦	秦	齊		
		淖		
 秦陶 1313 泥陽	 秦陶 3305 廣衍	 齊陶 0433 城圖(陽)櫨里淖(潮)豆	 新陶四齊186 城圖(陽)櫨里淖(潮)豆	 集存 2・31 塙(高)闠(間)棋里曰淖(潮)
		 齊陶 0435 □□櫨里淖(潮)豆	 集存 3・9 城圖(陽)櫨里淖(潮)豆	 新陶四齊277 潮
		 新陶四齊119 塙(高)閲(間)棋里曰淖(潮)	 燕齊 176□闠(間)□里曰淖(潮)	
		 新陶四齊185 城圖(陽)櫨里淖(潮)豆	 鑒陶 040 城圖(陽)櫨里淖(潮)豆	

滈	滕	浩	汪	涓
秦	秦	秦	秦	秦
 秦陶 2977 取杜才酆邱 到滈水	 秦陶 1444 平陰居貲北 游公士滕  秦拓. 咸屈 里滕	 新豐. 浩	 秦陶 619 汪  秦陶 620 汪	 秦陶 965 左司涓瓦

淺	滑	滿	淵	清
齊	秦	秦	秦	齊
 夕續 80.2 陳逨淺立	 新陶五秦 289 滑	 新陶五秦 064 滿存	 秦拓.咸淵里章	 齊陶 0982 清巷陳梡（柝）
 夕續 82.3 逨淺立事			 秦拓.咸淵里章	
 夕續 85.1 淺立			 集存 6・7 咸淵里章	
 夕續 87 淺立			 二秦 12 咸淵里奭	

棨　　　　沙

秦			秦	
 秦陶 1804 咸亭沙里棨器	 秦陶 1820 □沙□壯	 戎陶 062 咸亭沙里□器	 秦陶 1635 咸沙里突	 夕續 88.1 淺立事
 秦陶 1805 咸亭沙里棨器	 秦拓.咸沙里壯	 秦陶 1803 咸亭沙壽□器	 秦陶 1636 咸沙里疢	
 秦拓.咸郃陽棨	 集存 6・15 咸沙里壯	 秦陶 1804 咸亭沙里棨器	 秦陶 1706 咸沙□□	
	 陶賞 9.1 咸沙里突	 陶賞 9.2 咸亭沙里歫器	 秦陶 1707 咸沙里衛	

沈	潦		沃	渠
秦	秦		秦	秦
 秦陶 3058 泰沈	 秦陶 2009 潦	 秦陶 2706 咸沃里辰	 秦陶 1700 咸沃里辰	 秦陶 1181 新城義渠
 秦陶 1145 泰沈		 秦陶 2708 咸沃里辰	 秦陶 1701 咸沃里辰	
 秦陶 3056 泰沈		 秦陶 2717 咸沃里辰	 秦陶 1704 咸沃平夤	
 秦陶 3059 泰沈		 戎陶 064 咸沃里班	 秦陶 2705 咸沃里辰	

泰　湯

		秦	燕	
 秦拓.泰	 秦陶 3058 泰沈	 秦陶 1145 泰沈	 新陶四燕 005 右缶 (陶)攻(工) 湯	 秦陶 3060 泰沈
	 秦陶 3059 泰沈	 秦陶 3055 泰沈	 新陶四燕 029 左缶 (陶)倈湯故 國	 秦陶 3066 泰沈
	 秦陶 3060 泰沈	 秦陶 3056 泰沈	 燕齊 001 左 缶(陶)倈湯 故國	
	 秦陶 2003 東園泰	 秦陶 3057 泰沈		

浻*	汖*	汸*	氿*	汨
齊	齊	齊	齊	齊
 齊陶 0961 東酷里浻塱  齊陶 0962 東酷里浻塱  集存 2・45 東酷里浻悏	 新陶四齊 292 汖五  新陶四齊 293 汖□	 齊陶 0658 □郭巷□□ 汸艸  集存 2・21 楚郭巷蔺里 汸艸 《説文》"方" 字或體	 集存 3・35 大市氿月	 齊陶 0578 丘齊辛里王 汨兹逨

沶*	淏*	渼*	湪*	洸*
秦	秦	秦	齊	齊
 秦陶 1075 宫沶	 秦陶 606 淏 邦	 秦陶 1295 都共工渼	 陶成 5.21. 020.1 湪子 里曰□	 齊陶 1361 洸
 秦陶 1077 宫沶	 秦陶 608 淏 邦		 陶成 5.21. 019.1 湪子 里曰□	
 秦陶 1169 宫沶	 秦陶 609 淏 邦			
 秦陶 3028 宫沶				

州	巠	瀕		
燕	齊	秦		
坣	𢀖			
 新陶四燕087 左宫者坣(州)	 新陶四齊043 再𢀖(巠)	 秦陶932 瀕陽工處	 秦陶3090 宫沶	 秦陶3077 宫沶
 新陶四燕088 右宫者坣(州)		 秦陶1201 瀕陽狀		 秦陶3079 宫沶
 集存4·19 右宫者坣(州)				 秦陶3081 宫沶
				 秦陶3089 宫沶

原　　　泉

		秦	秦	晋
 秦拓.咸少原嬰	 秦陶 2729 咸少原俶	 秦陶 1924 咸少原嬰	 秦陶 2301 泉	 鑒陶 006 匋(陶)州
 秦拓.咸少原枚	 戎陶 060 咸少原豫	 秦陶 1925 咸少原嬰		 集存 5・53 匋(陶)州
 秦拓.咸少原辭	 秦拓.咸少原	 秦陶 2110 原□		
	 秦拓.咸少原喜	 秦陶 2482 咸少原黽		

	雲	雩	霾	冬
	秦	晉	秦	秦
 秦陶 3225 雲市	 秦陶 3204 雲亭	 新陶四韓 070 疔雩	 秦陶 2977 是霾封	 秦陶 2977 冬十壹月辛 酉
 秦陶 3235 雲市	 秦陶 3220 雲市	 新陶四魏 020 匋(陶) 雩		
 秦陶 3236 雲市	 秦陶 3222 雲市	 新陶四魏 021 匋(陶) 雩		
	 秦陶 3241 雲市			

鮏　　　　　　　魚　需

齊	燕	齊	商	齊
 陶選 0080 城圖(陽)鮏  齊陶 0774 蒦圖(陽)南 里匋(陶)者 鮏  齊陶 1162 豆里鮏  齊陶 1363 鮏	 新陶四燕 041 河補五 魚鉨	 新陶四齊 171 蒦圖 (陽)魚里分 步	 新陶二 033 魚	 陶賞 10.2 酷里人需

翼　　鯡*

		楚	秦	
		 新陶四楚007 晉翼	 秦陶 2041 鯡	 鑒陶 029 蒦圆(陽)南里匋(陶)者鯡

新出古陶文文字編卷十二

孔	不		
秦	齊		秦
 秦陶 2634 咸郱里孔	 遺珍 151 陳不慮	 齊陶 0356 不帮市鋻	 秦陶 2977 皁司御不更 顝封之
	 齊陶 0208 陳不慮	 齊陶 1005 塙(高)□不 □	 新陶五秦 197 不壹歉 疑者
	 齊陶 0209 陳不慮	 新陶四齊 117 塙(高) 閆(間)不敢	 新陶五秦 198 不壹歉 疑者
	 齊陶 0355 不帮市鋻	 新陶四齊 242 不敢	 新陶五秦 203 不壹歉 疑

不

秦陶 204 不

秦陶 206 不

秦陶 207 不

秦陶 208 不

秦陶 213 不

秦陶 215 不

秦陶 216 不

秦陶 1432 東武東間居貲不更雎

秦陶 2645 不

秦陶 3353 則不壹歉疑者

至

秦

秦陶 2587 至

秦陶 2588 至

秦陶 2589 至

秦陶 2590 至

臺

秦

秦陶 1541 咸郿里臺

秦陶 1558 咸郿里臺

鹵　　　　　　　　西

秦			秦	齊
 秦陶 2047 鹵	 秦陶 2722 咸臣西辟	 秦陶 1198 西道	 秦陶 1192 西道	 齊陶 1180 子袶子西里人爲公飯豆者
 秦陶 2638 鹵	 秦陶 2964 西奂蘇氏十斗	 秦陶 1230 西道	 秦陶 1193 西道	
 秦陶 3331 鹵市	 秦拓. 西	 秦陶 1315 西道	 秦陶 1194 西道	
 秦陶 3332 鹵市	 西安圖 217 西	 秦陶 1316 西處	 秦陶 1197 西道	

門	户	鹽	鹹	
齊	齊	秦	晉	
	房		齜	
 齊陶 0336 華門陳棱再左里毁(軌)亭釜	 齊陶 0383 左酷(造)右房(庫)	 新陶五秦 059 王□左鹽	 新陶四韓 028 里齜(鹹)	 秦陶 3333 鹵市
 齊陶 0338 華門陳棱再左里毁(軌)亭釜	 齊陶 0384 左酷(造)右房(庫)			 秦陶 3334 鹵市
 齊陶 0340 □門陳□再左里毁(軌)亭釜	 陶成 5.05.355.1 左□右房(庫)			 秦拓.咸鹵曲禮
 齊陶 0342 □門陳棱再左里毁(軌)亭釜				

閭

		齊		
閟		闠		
 齊陶 1013 塙(高)閟(閭)隻(獲)	 陶成 5.19.03.1 塙(高)闠(閭)棋里曰臧	 齊陶 0988 塙(高)闠(閭)□□曰斸	 集存 1・2 華門陳棱叁左里□□豆	 齊陶 0352 平門内陳賫左里毁(軌)亭區
 齊陶 1020 塙(高)閟(閭)里善	 燕齊 176□ 闠(閭)□里曰淖	 齊陶 0990 塙(高)闠(閭)棋里曰賹		 夕續 9 閭門陳□
 新陶四齊 113 塙(高)閟(閭)隻(獲)	 鑒陶 022 塙(高)闠(閭)棋里曰淖	 齊陶 0992 塙(高)闠(閭)棋里曰臧(臧)		 夕續 10.1 閭門陳□
 新陶四齊 114 塙(高)閟(閭)賹	 集存 2・30 塙(高)闠(閭)棋里曰斸	 齊陶 0994 塙(高)闠(閭)棋里曰臧(臧)		 集存 1・1 華門陳棱叁左里毁(軌)亭區

闞　閻

齊	商	秦		
閖			闗	
 陶賞 17.2 闞	 新陶二 036 □公万辜 (敦)闞乍 (作)父辛 尊彝	 新陶五秦 434 閻	 齊陶 1019 高闗(閭)丁	 新陶四齊 117 塙(高) 閲(閭)不敢
 新陶四齊 360 闞封北			 新陶四齊 112□闗 (閭)丁	 新陶四齊 120 塙(高) 閲(閭)椇里 曰怙
 新陶四齊 360 闞封北				
 新陶四齊 360 闞封北				

關	闌		閒	閣
齊	秦	秦	齊	秦
			閑	
 齊陶 0669 楚郭巷關里艸	 秦陶 1446 闌陵居貲便里不更牙	 秦陶 1432 東武東閒居貲不更雎	 齊陶 0081 誾閒陳导(得)立繮	 新陶五秦 055 小閣
 齊陶 0709 關里馬攼		 新陶五秦 281 閒	 齊陶 0082 誾閒陳导(得)立繮	
 齊陶 0707 關里馬攼			 齊陶 0083 誾閒陳□立僕	
 齊陶 0722 關里坓			 齊陶 0085 誾閒陳导(得)立僕	

閔 關

燕	秦			
嚚				
 燕齊 088 嚚（閔）	  秦陶 2725 咸關里林	 齊陶 0719 關里坴	 齊陶 0739 關里坴	 齊陶 0731 關里坴
		 陶成 5.04.67.1 關里人□	 陶成 5.04.74.3 關里五	 齊陶 0733 關里坴
			 齊陶 0743 關里丁	 齊陶 0735 關里坴
			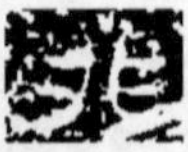 齊陶 0716 關里坴	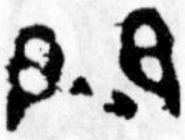 齊陶 0738 關里坴

聰	耳		閔	閌
燕	晉	燕	秦	秦
 自怡.聰 或釋爲"耳"	 新陶四平007司馬耳  集存5·56匋(陶)耳	 新陶四燕125攻(工)耳	 新陶五秦282閔  新陶五秦465閔  新陶五秦466閔	 秦陶913閌

聶			聆	旺
齊			齊	燕
 齊陶 1236 日里聶	 夕續 48.2 陳聆立	 夕續 48.1 陳聆立	 齊陶 0212 陳聆	 自怡.旺
	 夕續 49 陳 聆立	 夕續 45.2 陳聆	 齊陶 0213 陳聆	
	 陶成 5.04. 39.1 蘆里聆	 夕續 46.1 陳聆	 夕續 43.1 陳聆	
		 夕續 47.2 陳聆	 夕續 43.2 陳聆	

揄	舉	掌	手	巸
秦	秦	齊	秦	秦
 秦陶 1433 贛揄得	 秦陶 1618 咸鄜里舉	 齊陶 0385 左掌客亭	 秦陶 2977 史繈手	 新陶五秦 302 巸  新陶五秦 303 巸  新陶五秦 476 巸

損*	摯	扞	掩	援
秦	秦	秦	秦	秦
 秦陶 2944 損辰	 秦拓.摯	 秦陶 2089 左扞	 秦陶 1281 都船掩	 秦陶 1345 烏氏援

姚	姜	女		
秦	秦	晉	燕	齊
 秦陶 1857 姚保	 秦陶 1447 嫣(鄢)上造姜	 新陶四魏 030 匋(陶)女	 新陶四燕 281 女	 齊陶 1408 女
		 集存 5・33 匋(陶)女	 陶選 0049 之公女	

姑		母		嫪
秦	晉	燕	齊	秦

秦拓.咸粕姑瘳	新陶四魏062丌(綦)母(毋)生	集拓.燕14右宫母帀	集存1·43蒦⿴囗昜(陽)匋(陶)里母窐	秦陶1447嫪(鄒)上造姜

始　　奴

秦			齊	秦
			婟	
 秦陶 3245 始	 燕齊 333 楚郭巷蔵里婟	 齊陶 0596 楚郭巷蔵里婟	 齊陶 0589 楚郭巷蔵里婟	 秦陶 1307 安奴
	 燕齊 334 楚郭巷蔵里婟	 齊陶 0597 楚郭巷蔵里婟	 齊陶 0593 楚郭巷蔵里婟	
	 鑒陶 039 楚郭巷蔵里婟	 齊陶 0599 楚郭巷蔵里婟	 齊陶 0594 楚郭巷蔵里婟	
	 集存 2・18 楚郭巷蔵里婟	 齊陶 0600 楚郭巷蔵里婟	 齊陶 0595 楚郭巷蔵里婟	

嬰	如		委	好
秦		秦	秦	秦
 秦陶 1039 寺嬰	 秦陶 1933 咸如邑頃	 秦陶 1132 新城如虘	 秦陶 3136 委	 秦陶 1215 好時
 秦陶 1924 咸少原嬰	 秦拓.咸如邑悝	 秦陶 1904 如		
 秦陶 1925 咸少原嬰	 秦陶.咸如邑幸	 秦陶 2488 如		
 秦拓.咸少原嬰	 秦拓.咸如邑趞	 新陶五秦 030 咸如邑戊		

⿰女炎*	婸*	娷*	娺	妖
秦	秦	秦	秦	秦
 秦陶 2864 邑里□⿰女炎	 秦陶 3139 婸	 集存 6・5 咸亭東貞娷器	 乾堂. 脩故 娺  乾堂. 脩故 娺	 秦陶 2719 咸里妖

弋	弗	毋	毋	⿰女樂*
秦	晉		秦	秦
 秦陶 530 弋六八	 鑒陶 007 匋(陶)弗	 秦陶 2932 毋方	 秦陶 1329 寺工毋死	 秦陶 141 ⿰女樂
 秦陶 2001 弋		 二秦 28 咸□毋午	 秦陶 1333 寺工毋死	 秦陶 142 咸⿰女樂
 秦陶 2003 弋			 秦陶 1334 寺工毋死	 秦陶 143 咸⿰女樂
 秦陶 2004 弋			 秦陶 2932 楊毋方	 秦陶 2003 ⿰女樂

氏　　也

		秦	齊	
 秦陶 2938 樂定王氏九斗	 秦陶 1442 □氏居貲公士富	 秦陶 274 氏四	 夕續 470.1 釜也	 秦陶 2538 弋左
 秦陶 2966 馮氏十斗	 秦陶 1443 楊氏居貲武德公士契必	 秦陶 276 氏四	 夕續 470.2 釜也	 秦陶 2539 弋左
 秦陶 3121 隱成吕氏缶容十斗	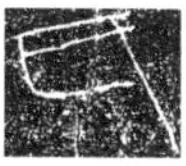 秦陶 2918 杜氏容斗	 秦陶 1345 烏氏援	 新陶四齊 057 釜也	
 秦陶 3122 隱成吕氏缶容十斗	 秦陶 2930 李氏九斗二參	 秦陶 1363 皮氏卯	 郲陶.薛(?)惎子之度恂(量)也	

戎　　乇

秦	齊	西周		
 新陶五秦023咸亭戎里商器	 新陶四齊085繇巷東匋(陶)里戎	 新陶三016寶毁(簋)□乇	 新陶五秦045春陽郭氏	 秦陶3123隱成吕氏缶容十斗
 秦拓.戎				 秦陶3124北園吕氏缶容十斗
 秦陶1710咸戎里旗				 秦陶3145楊氏缶容斗
 秦陶1929咸卜□戎				 秦陶1441楊氏居貲大孓

戲　賊

		秦	齊	
 新豐.戲	 秦拓.咸巨陽戲	 秦陶 1677 咸巨陽戲	 夕續 112.1 賊立	 秦陶 1994 戎
 新豐.戲	 秦拓.咸巨陽戲	 秦陶 2736 咸隧陽戲	 夕續 112.2 賊	 秦陶 2123 左戎
 新豐.戲	 新豐.戲	 秦陶 2445 戲		 秦陶 2329 戎
 新豐.戲	 新豐.戲	 秦陶 2447 戲		 集存 6・11 咸戎里旗

武　　　　或

秦	燕	齊	晉	
 秦陶 2977 文武之酢	 新陶四燕 201 缶(陶) 攻(工)武	 陶成 5.08. 1.1 䲨丘巷 武昌	 集存 5・8 丌或異量	 新豐. 戲
 秦陶 1163 武	 木葉. 缶 (陶)攻(工) 武	 樂陶. 䲨丘 巷武昌里周 □		 新豐. 戲
 秦陶 1308 宜陽工武				 新豐. 戲
 秦陶 1432 東武東閒居 貲不更瞗				

義　戔*

秦	晉	齊		
 秦陶 1181 新城義渠	 鑒陶 008 匋 (陶)義	 夕續 118 陳 戔立	 秦陶 1840 咸武都□	 秦陶 1443 楊氏居貲武 德公士契必
 新豐.義	 集存 5・43 匋(陶)義	 夕續 120.2 戔	 秦陶 2948 武南	 秦陶 1434 東武羅
	 二晉 15 匋 (陶)義			 秦陶 1435 贛榆距東武 逐
				 秦陶 1436 東武居貲上 造慶忌

匄　　乍　　亡　　直

秦	西周	商	齊	秦
 秦陶 2287 匄卯	 新陶三 01.008□乍(作)父乙寶尊彝	 新陶二 036 □公万(敦)闢乍(作)父辛尊彝	 陶成 5.05.157.1 繇巷東匋(陶)里亡者	 秦陶 2623 咸直里章
 秦陶 2037 匄				 秦陶 3219 咸直里章
 秦陶 2173 匄				 新陶五秦 300 直
 秦陶 2175 匄				 新陶五秦 480 直

匠	匽	區		
秦	秦		齊	
 秦陶 1007 大匠	 秦陶 2977 北到桑匽之封	 新陶四齊001 大市區瑬	 齊陶 0348 昌櫅陳閸(固)南左里𣪘(軌)亭區	 秦陶 2425 㔭
 秦陶 1008 大匠		 集存 3・50 王卒之區	 齊陶 0352 平門内陳賫左里𣪘(軌)亭區	 秦陶 2427 㔭
 秦陶 1153 大匠		 集存 2・3 中蒦圆(陽)里區人牛	 齊陶 0358 大市區瑬	 秦陶 2510 㔭
 秦陶 1245 大匠		 陶成 1.034.1 左𣪘(軌)區	 齊陶 0380 王區	 秦陶 3268 㔭

⿷匚舌* ⿷匚堇* ⿷匚壴*

晋	秦	燕		
 新陶四趙 006 剬(半) ⿷匚舌塙卸(御) 史肖宫(?) 立敫(校)	 秦陶 2024 ⿷匚堇	 陶賞 12.1 缶(陶)攻 (工)⿷匚壴	 秦陶 2812 大匠	 秦陶 1331 大匠
	 秦陶 2025 ⿷匚堇		 秦陶 3272 大匠	 秦陶 2541 大匠
	 秦陶 2026 ⿷匚堇		 新陶五秦 033 大匠	 秦陶 2543 大匠
	 秦陶 2027 ⿷匚堇		 新陶五秦 034 大匠	 秦陶 2799 大匠乙

瓦		曲	匿*	匡*
秦	秦	晉	燕	晉
 秦陶 2977 乃爲瓦書	 秦拓.咸鹵 曲禮	 新陶四平 016 曲陽蔓	 新陶四燕 273 匿	 新陶四平 003 左匡
 新陶五秦 041 左司高 瓦			 新陶四燕 295 匿	
 秦陶 547 左司高瓦			 新陶四燕 050 廿一年 牆(將)軍匿 喚都	
 秦陶 1515 左司歇瓦				

張　　　　弓

燕	秦			
 自怡.右缶(陶)張	 秦陶 2653 弓	 秦陶 1474 左司悁瓦	 秦陶 970 左司高瓦	 秦陶 548 左司高瓦
		 秦陶 1506 左司歇瓦	 秦陶 973 左司高瓦	 秦陶 965 左司涓瓦
			 秦陶 1471 左司高瓦	 秦陶 966 左司高瓦
			 秦陶 1472 左司高瓦	 秦陶 969 左司高瓦

孫　　　　彊

晉	齊		秦	秦
 新陶四韓052英孫	 齊陶0906東蒦圁(陽)里公孫縣	 秦陶7宮彊	 秦陶1宮彊	 秦陶2923張米
 新陶四韓053英孫	 齊陶0963東酷里公孫夜	 秦陶8宮彊	 秦陶2宮彊	 秦陶2924張米
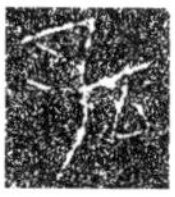 新陶四韓080孫	 夕續25孫陳□	 秦陶1602咸郿里彊	 秦陶3宮彊	
	 新陶四齊050王孫陳惄叁右□亭釜		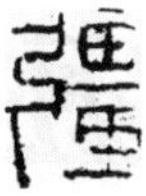 秦陶5宮彊	

繇(䌛)

			齊	秦
 齊陶 1245 左繇	 新陶四齊 084 繇巷大匋(陶)里安	 齊陶 0930 繇巷大匋(陶)里艸	 齊陶 0912 繇巷大匋(陶)里安	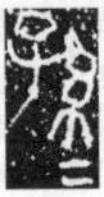 秦陶 2977 子子孫孫
	 鑒陶 051 繇巷大匋(陶)里□	 齊陶 0932 繇巷大匋(陶)里慶	 齊陶 0914 繇巷大匋(陶)里癸	 新陶五秦 068 公孫申
	 集存 1・14 繇巷大匋(陶)里安	 齊陶 0955 繇巷蒦圆(陽)南里□	 齊陶 0918 繇巷大匋(陶)里敷	
	 集存 1・21 繇巷中匋(陶)里僕	 新陶四齊 070 繇巷大匋(陶)里□	 齊陶 0929 繇巷大匋(陶)里艸	

				鼍
				 燕齊 455 鼍(繇)巷□里□賫 又見卷六“邑”部。

新出古陶文文字編卷十三

紀	紹	繚	繞
秦	晉	秦	齊
 秦陶 1819 咸鄙里紀	 新陶四魏 038 匋(陶)紹	 秦陶 1691 咸直里繚	 齊陶 1149 豆里繞
	 集存 5・41 匋(陶)紹	 秦陶 3211 咸直里繚	 齊陶 1150 豆里繞
			 新陶四齊 232 豆里繞

纓	縟	綰	練	終
齊	秦	秦	齊	齊
縏				
 陶成 5.05.209.1 蔓圜(陽)匋(陶)里人纓  集存 1・50 蔓圜(陽)匋(陶)里人縏(纓)	 秦都圖 356 縟	 秦陶 3362 □詔丞相狀綰  新陶五秦 203□相狀綰  秦陶 3420 □□□□綰  新陶五秦 198 乃詔丞相狀綰	 齊拓.下炷里練貽	 齊陶 1246 有終豆  齊陶 1247 又(有)終豆  齊陶 1248 又(有)終豆

縢	絭		纕	
齊	秦	燕	齊	
				⿰糸⿱玨貝
 齊陶 1207 子𥙊子里人 曰縢  齊拓. 萯圁 (陽)匋(陶) 里人縢	 秦陶 1530 咸亭鄜里絭 器	 木葉. 纕	 集存 1・8 陳纕□右里 □□	 集存 2・5 中萯圁(陽) 里人⿰糸⿱玨貝(纓)  集存 2・34 孟常匋(陶) 里⿰糸⿱玨貝(纓)

紨	緦		繮	維
齊	燕		齊	齊
絆				
 夕續 131 陳絆(紨)	 歷博 23 長緦	 齊陶 0161 陳戠(賀)□事繮	 齊陶 0027 北郭陳喜繮	 齊陶 0966 酷里□維
 燕齊 236 蒦圆(陽)南里人絆(紨)		 新陶四齊 049□□繮	 齊陶 0029 □郭陳喜繮	
 鑒陶 030 蒦圆(陽)南里人絆(紨)		 燕齊 290 蒦圆(陽)匋(陶)里人繮	 齊陶 0081 閭閒陳导(得)立繮	
 新陶四齊 280 絆(紨)		 齊拓. 豆里繮夏	 齊陶 0159 □戠(賀)□事繮	

絟	紋		彝	繆
秦	齊	西周	商	齊
 秦拓.咸亭陽安絟器	 齊陶 1451 紋	 新陶三 01.008□乍(作)父乙寶尊彝	 新陶二 036 □公万辜(敦)闢乍(作)父辛尊彝	 齊陶 0874 大蒦圆(陽)里匋(陶)者繆  齊陶 0875 大蒦圆(陽)里匋(陶)者繆  集存 1・56 大蒦圆(陽)里匋(陶)者繆

虺	媵	絲	綍*	紱*
秦	晉	秦	秦	秦
 新陶五秦067 王虺  秦陶 3316 咸少原虺	  新陶四韓042 媵叻	 新陶五秦330 絲	 秦陶 2349 王綍	 秦陶 1569 咸郿里紱

蟄			强	蟜
秦	秦	燕	齊	秦
蟄		弜	弜	
 秦陶 2977 卜蟄	 新陶五秦 277 强	 自怡.左缶(陶)强	 集存 1・38 蒦圆(陽)南里人弜(强)	 新陶五秦 216 蟜
	 新陶五秦 416 强	 集拓.燕 102 强	 齊陶 0332 平陵陳旻(得)不弜(强)	

	⿱女䖵*		⿱谿䖵*	⿱厭䖵
	齊		齊	燕
				⿱亞䖵
 齊陶 0798 蒦圖(陽)南里⿱女䖵	 齊陶 0780 蒦圖(陽)南里人⿱女䖵	 集存 1・59 大蒦圖(陽)匋(陶)者⿱谿䖵	 新陶四齊 081 繇巷大匋(陶)里⿱谿䖵	 燕齊 110 ⿱亞䖵(⿱厭䖵)子
 新陶四齊 157 蒦圖(陽)南里人⿱女䖵	 齊陶 0781 蒦圖(陽)南里人⿱女䖵		 新陶四齊 141 大蒦圖(陽)匋(陶)者⿱谿䖵	
 新陶四齊 285 ⿱女䖵	 齊陶 0786 蒦圖(陽)南里人⿱女䖵		 新陶四齊 142 大蒦圖(陽)匋(陶)者⿱谿䖵	
 燕齊 239 蒦圖(陽)南里人⿱女䖵	 集存 1・33 蒦圖(陽)南里人⿱女䖵		 新陶四齊 144 大蒦圖(陽)匋(陶)者⿱谿䖵	

鼂	它	⿱句䖵*	⿰彳⿱女䖵*	⿱医䖵*
秦	齊	晋	齊	燕
 秦陶 2482 咸少原鼂	 新陶四齊 305 明它	 新陶四晋 112 ⿱句䖵褭	 齊陶 0796 蒦圆(陽)南里⿰彳⿱女䖵  齊陶 0797 蒦圆(陽)南里⿰彳⿱女䖵  燕齊 199 蒦圆(陽)南里⿰彳⿱女䖵	 木葉. 無⿱医䖵

二　　鼃

晉			燕	秦
 新陶四韓 098 邯又二	 新陶四燕 086 二言 (毃)	 新陶四燕 063 二言 (毃)	 新陶四燕 005 廿一年 十二月右缶 (陶)君(尹)	 秦拓.咸如 邑鼃
 洛陽 3・3 吉三卅二		 新陶四燕 066 二言 (毃)七鵪 (�櫢)	 新陶四燕 009 廿二年 □月左缶 (陶)君(尹)	
		 新陶四燕 069 二言 (毃)	 新陶四燕 024 廿三年 十二月右缶 (陶)攻(工) □	
		 新陶四燕 086 二言 (毃)	 新陶四燕 060 二言 (毃)反(半)	

土　竺　亘　恆

齊	齊	晉	秦	秦
 齊陶 0540 城圙(陽)土	 齊陶 0281 竺采(穗)之王□	 新陶四平043 亘	 秦陶 2724 咸□西恆	 秦陶 324 二
 齊陶 0541 城圙(陽)土				 秦陶 326 二
 齊陶 0544 城圙(陽)土				 秦陶 507 卌二
 齊陶 1275 土				 秦陶 2930 李氏九斗二參

均　　坪　　地

秦	晉	齊	燕	晉
		垧		墬
 秦陶 2480 咸故倉均	 集存 5・27 匋(陶)均	 燕齊 438 孟常匋(陶)里人均	 自怡. 坪	 新陶四晉 095 事墬（地）

堵		塙		
楚	晉			齊
 新陶四楚001 君堵	 新陶四趙006 削(半)匿塙卸(御)史肖宫(?)立鮁(校)	 新陶四齊121 塙(高)閱(閭)里迦	 新陶四齊113 塙(高)閱(閭)隻(獲)	 齊陶0983 塙(高)闠(閭)棋里曰[illegible]
		 鑒陶022 塙(高)闠(閭)棋里曰淖(潮)	 新陶四齊114 塙(高)閱(閭)賹	 齊陶0990 塙(高)闠(閭)棋里曰賹
		 集存2・30 塙(高)闠(閭)棋里曰[illegible]	 新陶四齊115 塙(高)閱(閭)賹	 齊陶0999 塙(高)闠(閭)棋里曰淖(潮)
			 新陶四齊120 塙(高)閱(閭)棋里曰怙	 齊陶1003 塙(高)閱(閭)里迦

壐　　　　封　　　堂

齊		秦	齊	齊
坾				
 齊陶 1261 厶(私)坾(壐)	 秦陶 254 封八	 秦陶 2977 顝以四年冬十壹月癸酉封之	 新陶四齊 360 關封北	 齊陶 0555 城圖(陽)堂
 陶成 1.068.1 大市坾(壐)月		 秦陶 2977 自桑郭之封以東	 新陶四齊 360 關封北	 齊陶 0557 城圖(陽)堂
		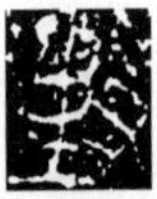 秦陶 2977 北到桑匽之封		
		 秦陶 2977 霾封		

城　　　　型

齊	齊	楚	晉	燕
	茾	鈢	𡊄	鈢
 齊陶 0427 城圁(陽)櫯里垡  齊陶 0429 城圁(陽)櫯里垡  齊陶 0433 城圁(陽)櫯里淖(潮)豆  齊陶 0441 城圁(陽)眾	 齊陶 1414 茾(型)	 新陶四楚 008 鐈(鐘)郢(離)亭鈢	 新陶四魏 001 淇□市斗臾(斞)璽	 新陶四燕 041 河補五魚鈢

 新陶四齊181 城圖（陽）导（得）	 齊陶 0546 城圖（陽）土豆	 齊陶 0502 城圖（陽）昲	 齊陶 0459 城圖（陽）眾	 齊陶 0437 城圖（陽）櫙里淖（潮）豆
 新陶四齊182 城圖（陽）昲	 新陶四齊174 城圖（陽）	 齊陶 0507 城圖（陽）昲	 齊陶 0455 城圖（陽）眾	 齊陶 0446 城圖（陽）眾
 新陶四齊183 城圖（陽）唯	 新陶四齊175 城□□	 齊陶 0518 城圖（陽）唯	 齊陶 0461 城圖（陽）眾	 齊陶 0449 城圖（陽）眾
 新陶四齊184 城圖（陽）尘	 新陶四齊180 城圖（陽）楚	 齊陶 0522 城圖（陽）唯	 齊陶 0465 城圖（陽）眾	 齊陶 0458 城圖（陽）眾

燕				
 新陶四燕042 亩城都王勹鍴(瑞)	 燕齊304 城圆(陽)□	 新陶四齊197 城圆(陽)楚	 新陶四齊190 城圆(陽)楚	 新陶四齊185 城圆(陽)櫨里淖(潮)豆
 新陶四燕293 城	 鑒陶036 城圆(陽)眾	 新陶四齊200 城圆(陽)眾	 新陶四齊191 城圆(陽)㝵(得)	 新陶四齊186 城圆(陽)櫨里淖(潮)豆
 木葉.城	 鑒陶040 城圆(陽)櫨里淖(潮)豆	 新陶四齊203 城圆(陽)眾	 新陶四齊193 城圆(陽)昢	 新陶四齊188 城圆(陽)櫨里坣
	 集存3·9 城圆(陽)櫨里淖(潮)豆	 新陶四齊204 城圆(陽)眾	 新陶四齊195 城圆(陽)櫨里□	 新陶四齊189 城圆(陽)櫨里坣

毀　亜

晋	晋		秦	晋
 新陶四平 010 支毀	 集存 5・59 亜𢋒	 秦陶 1300 新城章	 秦陶 1132 新城如虖	 新陶四韓 001 陽城
	 集存 5・58 亜𢋒		 秦陶 1183 新城邦	 新陶四韓 001 陽城
	 二晋 41 亜 𢋒		 秦陶 1184 新城虖	 新陶四韓 017 容城
			 秦陶 1289 新城邦	

埢* 均

		秦	齊	秦
 秦陶 2682 咸巨陽埢	 秦陶 2683 咸巨陽埢	 秦陶 2667 咸巨陽埢	 齊陶 0353 □巷陳惁左毀(軌)櫝均釜	 秦陶 3014 毀文
	 秦陶 2675 咸巨陽埢	 秦陶 2671 咸巨陽埢	 集存 1・3 王□□棱右均亭釜	
	 秦陶 2677 咸巨陽埢	 秦陶 2672 咸巨陽埢		
	 秦陶 2680 咸巨陽埢	 秦陶 2673 咸巨陽埢		

坐*

				齊
 新陶四齊 284 坐	 新陶四齊 174 城圜(陽)坐	 齊陶 1287 坐	 齊陶 1073 豆里坐	 齊陶 0552 城圜(陽)坐
 燕齊 471 坐	 新陶四齊 189 城圜(陽)櫴里坐	 齊陶 1288 坐	 齊陶 1090 豆里坐	 齊陶 0718 關里坐
 齊陶 0716 關里坐	 新陶四齊 221 豆里坐	 新陶四齊 105 關里坐	 齊陶 1091 豆里坐	 齊陶 0739 關里坐
 齊陶 0730 關里坐	 陶成 5.19.38.4 豆里坐	 新陶四齊 107 關里坐	 齊陶 1277 坐	 齊陶 1072 豆里坐

甖* 圠*

齊	齊			燕
 齊陶 0769 蔓圖(陽)南 里匋(陶)者 甖	 步黟堂.圠 腓(臀)	 新陶四燕 224 缶(陶) 尘	 新陶四燕 130 缶(陶) 攻(工)尘	 新陶四燕 062 缶(陶) 工尘
 集存 1・32 蔓圖(陽)南 里匋(陶)者 甖		 新陶四燕 242 尘玗	 新陶四燕 272 尘	 新陶四燕 063 缶(陶) 工尘
 齊陶 0778 蔓圖(陽)南 里東方甖		 燕齊 067 缶 (陶)工尘	 新陶四燕 219 缶(陶) 工尘	 新陶四燕 071 缶(陶) 工尘
		 新陶四燕 154 缶(陶) 攻(工)尘	 自怡.缶 (陶)工尘	 新陶四燕 292 尘

		里	埒*	埰*
		齊	齊	齊
 齊陶 0656 楚郭巷或里腊	 齊陶 0582 丘齊辛里乘	 齊陶 0340 □門陳□再左里段(軌)亭釜	 齊陶 1385 埒	 齊陶 1258 □埰□左□□
 齊陶 0665 楚郭巷關里艸	 齊陶 0623 楚郭巷櫨里鹿	 齊陶 0572 丘齊巷桼彫里导(得)		
 齊陶 0695 關里馬犵	 齊陶 0637 楚郭巷櫨里□	 齊陶 0575 丘齊平里王厗奭		
 齊陶 0719 關里坣	 齊陶 0645 楚郭巷櫨里忻	 齊陶 0578 丘齊辛里王汩茲逨		

齊陶 0730
關里𡊸

齊陶 0720
關里𡊸

齊陶 0735
關里𡊸

齊陶 0739
關里𡊸

齊陶 0749
北里五

齊陶 0778
蒦圆(陽)南里東方䍧

齊陶 0799
蒦圆(陽)南里綴

齊陶 0837
蒦圆(陽)匋(陶)里人齒

齊陶 0852
蒦圆(陽)匋(陶)里人逦

齊陶 1025
塙(高)�(閭)豆里人匋(陶)者曰逦

齊陶 1038
豆里㝵(得)

齊陶 1050
豆里㝵(得)

齊陶 1129
豆里逦

齊陶 1138
豆里七

齊陶 1189
子袤(袶)里人腰

齊陶 1207
子袶子里人曰賸

齊陶 1213
圆(陽)里□䁈

齊陶 1238
六辛攻里□

新陶四齊 078 大匋(陶)里□

新陶四齊 085 緐巷東匋(陶)里戎

 新陶四齊 170 中里薛	 新陶四齊 131 蒦圖(陽)匋(陶)里人陞	 新陶四齊 110 關里痪	 新陶四齊 109 關里馬犵	 新陶四齊 090 楚郭巷蔵里□
 新陶四齊 171 蒦圖(陽)魚里分步	 新陶四齊 132 蒦圖(陽)匋(陶)里人□雏	 新陶四齊 118 塙(高)�(間)椇里曰臧(臧)	 新陶四齊 120 塙(高)閬(間)椇里曰怙	 新陶四齊 098 楚巷蔵里蓍
 新陶四齊 173 丘齊烶里王□	 新陶四齊 133 蒦圖(陽)匋(陶)里人㝵(得)	 新陶四齊 119 塙(高)閬(間)椇里曰漳(潮)	 新陶四齊 125 蒦圖(陽)匋(陶)里曰戊	 新陶四齊 107 關里坐
 新陶四齊 185 城圖(陽)櫙里漳(潮)豆	 新陶四齊 156 中蒦圖(陽)里匋(陶)漸	 新陶四齊 130 蒦圖(陽)匋(陶)里戊	 新陶四齊 126 蒦圖(陽)匋(陶)里人丹	 新陶四齊 108 關里坐

晋				
 新陶四韓028里⿰鹵甚(鹹)	 集存2·48酷里慭	 新陶四齊238北里壬	 新陶四齊207袶子里曰乙	 新陶四齊186城圖(陽)櫶里淖(潮)豆
 新陶四韓029里信		 鑒陶019楚郭巷櫶里犺	 新陶四齊211豆里貞	 新陶四齊172中蒦圖(陽)里匋(陶)□
 新陶四韓029里信		 集存1·22繇巷東匋(陶)里人⿰忄行	 新陶四齊216豆里导(得)	 新陶四齊187櫶里尘
 新陶四韓031里矰		 集存1·27蒦圖(陽)南里盼	 新陶四齊230豆里疾目	 新陶四齊206子袶子里人醜

鳌

秦				秦
 秦陶 1670 咸鳌□□	 秦陶 2666 咸郱里欣	 秦陶 1544 咸鄏里致	 新陶五秦 027 咸鄏里逋	 秦陶 2977 一里廿輯
 秦陶 1672 鳌寧	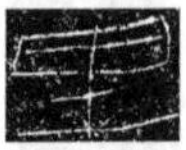 秦陶 3135 祟里雝	 秦陶 1570 咸鄏里且	 新陶五秦 032 咸完里□	 新陶五秦 008 咸陸里宋
 秦拓. 咸鳌期莛		 秦陶 1581 咸鄏里綏	 秦陶 1440 博昌居此(貲)□里不更余	 新陶五秦 011 咸亭病里安器
 秦拓. 咸鳌期就		 秦陶 2656 咸郱里犺	 秦陶 1528 咸亭完里丹器	 新陶五秦 025 咸鄏里宣

時			田	野
秦		秦	燕	秦
 秦陶 1215 好時	 秦拓. 田	 秦陶 2977 大田佐敖童曰未	 新陶四燕 089 左宮田左	 秦陶 118 咸陽野
	 秦陶 2161 田	 秦陶 2999 田	 新陶四燕 090 左宮田左	 秦陶 128 咸野
		 秦陶 1189 藍田		 秦陶 176 野
		 秦陶 2054 田		

黃	㽞*	留		當
秦	齊	秦		秦
 新陶五秦017 咸亭黃棘廖器	 齊陶 1004 □閱(間)㽞石	 秦陶 227 談留	 秦陶 2619 咸亭當柳恚器	 新陶五秦019 咸亭當柳安器  秦陶 1366 當陽克  秦陶 1367 當陽顫  秦陶 1683 □亭當□□□

			勝	力
			晉	齊
			秀	
			 新陶四平001右秀（勝）  新陶四韓032里秀（勝）	 夕續115陳力立

新出古陶文文字編卷十四

金			銚
齊	晉	秦	秦

陶成 5.21.089.1 槖金	樂陶. 金	秦陶 2969 金	秦陶 253 銚

鋻*	劉	銜	鈞	錯
齊	秦	秦	秦	秦
 齊陶 0355 不鄟市鋻	 秦陶 2300 劉	 新陶五秦 364 銜	 新陶五秦 196 鈞一斗二升	 秦陶 863 宮錯
 齊陶 0356 不鄟市鋻	 秦拓.劉	 新陶五秦 365 銜	 新陶五秦 196 鈞	 秦陶 866 宮錯
 集存 3・33 大市豆鋻		 新陶五秦 455 銜		 秦陶 871 宮錯
 集存 3・36 王句市鋻		 新陶五秦 456 銜		 秦陶 876 宮錯

處		鍴*	鑴*	鏍*
晉	秦	燕	燕	齊
 集存 5・19 匋(陶)處	 新陶四秦 383 鍴	 新陶四燕 042 亩城都 王勹鍴(瑞)	 新陶四燕 001 右缶 (陶)君(尹) 鑴疋器鍴 (瑞)	 陶成 5.22. 068.1 鏍
		 新陶四燕 043 亩城都 王勹鍴(瑞)	 集存 4・14 右缶(陶)君 (尹)鑴疋器 鍴(瑞)	
		 新陶四燕 045 日庚都 王勹鍴(瑞)	 天印 147 右 缶(陶)君 (尹)鑴疋器 鍴(瑞)	
		 集存 4・49 左蒠鍴		

斷　所　釿

燕	齊	晋		秦
剸				
 新陶四燕 001 倈剸(斷)攷戠(賀)	 集存 3・59 訇所爲缶(陶)□	 陶賞 17.1 業千釿	 秦陶 1316 西處	 秦陶 185 咸處
 新陶四燕 014□□剸攷戠(賀)	 新陶四齊 146 大蒦圆(陽)壽所爲		 秦陶 1821 咸安處捍	 秦陶 930 頻陽工處
 新陶四燕 030 剸(斷)攷戠(賀)	 新陶四齊 150 大蒦圆(陽)壽所爲		 秦拓. 處	 秦陶 1196 西處
 燕齊 004 倈剸(斷)攷□			 新陶五秦 376 處	 秦拓. 咸安處悍

斗		新		
秦	晉		秦	
 新陶五秦046中□王氏十斗	 新陶四魏001淇□市斗臾(斞)璽	 秦陶1240新城章	 秦陶1132新城如虖	 集存4·14倈剸(斷)攷戢(賀)
 新陶五秦193公斗	 二晋1業市斗	 秦陶1289新城邦	 秦陶1181新城義渠	
 新陶五秦194公斗		 秦陶1667咸新安盼	 秦陶1183新城邦	
 新陶五秦195左十斗			 秦陶1187新城邦	

升

秦				
 秦陶 635 麗邑九升	 秦陶 3124 北園吕氏缶容十斗	 秦陶 2966 馮氏十斗	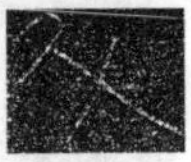 秦陶 2931 昜(楊)九斗三升	 秦陶 632 食官[壺]反一斗
 秦陶 636 麗邑五升		 秦陶 3121 隱成吕氏缶容十斗	 秦陶 2933 杜氏十斗	 秦陶 1858 斗正
 秦陶 2931 昜(楊)九斗三升		 秦陶 3122 隱成吕氏缶容十斗	 秦陶 2938 欒定王氏九斗	 秦陶 3244 平里一石二斗
		 秦陶 3123 隱成吕氏缶容十斗	 秦陶 2964 西奂蘇氏十斗	 秦陶 2930 李氏九斗二參

軍	軎	輯		車
齊	秦	秦	秦	齊
 陶成 5.22.018.1 軍	 秦陶 924 軎  秦陶 1105 軎	 秦陶 2977 一里廿輯	 秦陶 308 車	 齊陶 1253 大車  齊陶 1254 車

官　輤*　䡐*

	秦	晉	齊	燕
 新陶五秦 044 大官卅	 秦陶 624 麗 山飤官	 集存 5・21 輤	 新陶四齊 274 䡐	 新陶四燕 050 廿一年 䣹(將)軍固 喚都
	 秦陶 626 麗 山飤官右			 新陶四燕 287 軍
	 秦陶 627 麗 山飤官左官			
	 秦陶 3150 上官			

陽　陰　陵

晋	燕	秦	秦	齊
 新陶四韓001 陽城	 木葉. 陽	 秦陶 1305 陰□	 秦陶 1446 闌陵居貲便里不更牙	 齊陶 0332 平陵陳旻(得)不弫(强)王釜
 新陶四韓001 陽城		 秦陶 1444 平陰居貲北游公士滕		 夕續 20 平陵
 新陶四魏015□陽市		 步黟堂. 東辟里陰		
 新陶四平016 曲陽蒦		 步黟堂. 東辟里陰		

				秦
 秦陶 1203 宜陽肄	 秦陶 122 咸陽秸	 秦陶 115 咸陽賜	 新陶五秦 007 咸陽□□	 新陶五秦 004 咸陽亭久
 秦陶 1217 莅陽癸	 秦陶 123 咸陽笴	 秦陶 117 咸陽午	 新陶五秦 045 春陽郭氏	 秦拓. 咸陽
 秦陶 1220 莅陽工癸	 秦陶 190 咸陽	 秦陶 118 咸陽野	 秦陶 111 咸陽衣	 秦拓. 咸巨陽戲
 秦陶 1226 莅陽癸	 秦陶 932 頻陽工處	 秦陶 120 咸陽慶	 秦陶 114 咸陽危	 秦拓. 咸巨陽儋

 秦陶 1927 咸成陽申	 秦陶 1802 咸亭陽安吉器	 秦陶 1367 當陽顫	 秦陶 1310 宜陽工昌	 秦陶 1228 茝陽工癸
 秦陶 2117 咸成陽申	 秦陶 1832 咸平陽菲	 秦陶 1666 咸陽亭久	 秦陶 1313 泥陽	 秦陶 1283 美陽工蒼
 秦陶 2524 咸成陽申	 秦陶 1848 咸市陽牛	 秦陶 1673 咸巨陽臣	 秦陶 1362 美陽蒼	 秦陶 1285 咸陽工崖
 秦陶 2667 咸巨陽巻	 秦陶 1853 咸下陽欣	 秦陶 1677 咸巨陽戲	 秦陶 1366 當陽克	 秦陶 1308 宜陽工武

阿　　　　　　陸

秦	秦	燕		
		陸		
 秦陶 3301 阿亭	 新陶五秦 008 咸陸里 宋	 新陶四燕 280 陸	 秦陶 2937 南陽趙氏十 斗	 秦陶 2675 咸巨陽丵
		 樂陶. 陸	 秦陶 2940 南陽趙氏十 斗	 秦陶 2677 咸巨陽丵
			 戎陶 070 咸巨陽卯	 秦陶 2735 咸陜□陽
				 秦陶 2736 咸陜陽戲

		降	陟	阻
		秦	晋	齊
				⿰阝⿺虘又
 新陶五秦128 降亭	 新陶五秦095 降亭	 秦陶 1142 降□	 新陶四晋111 其陟	 齊拓.蒦圆(陽)匋(陶)里人⿰阝⿺虘又(阻)
 新陶五秦129 降亭	 新陶五秦098 降亭	 秦陶 1290 降獲		 齊拓.蒦圆(陽)匋(陶)里人⿰阝⿺虘又(阻)
 新陶五秦130 降亭	 新陶五秦106 降亭	 秦陶 1291 降高		 集存 1・47 蒦圆(陽)匋(陶)里人⿰阝⿺虘又(阻)
 新陶五秦132 降亭	 新陶五秦117 降亭	 新陶五秦146 降亭		 陶成 5.05.221.1 蒦圆(陽)匋(陶)里人⿰阝⿺虘又

	陝	隱	陘	
	秦	秦	秦	
 三門峽.陝市	 秦陶 1148 陝禮	 秦陶 3121 隱成吕氏缶容十斗	 秦陶 690 左司陘瓦	 新陶五秦 140 降亭
	 秦陶 2536 咸誾里陝	 秦陶 3122 隱成吕氏缶容十斗	 秦陶 982 左司陘瓦	 新陶五秦 144 降亭
	 新陶五秦 181 陝市	 秦陶 3123 隱成吕氏缶容十斗	 秦陶 693 左司陘瓦	 新陶五秦 145 降亭
	 三門峽.陝市	 秦拓.咸隱里喜		

陳

				齊
 齊陶 0019 陳怛亭	 齊陶 0039 北郭陳喜丁	 齊陶 0011 陳怛□	 齊陶 0354 陳□	 齊陶 0329 陳导(得)
 齊陶 0027 北郭陳喜繮	 齊陶 0083 誾閒陳□立僕	 齊陶 0106 蒦陳导(得)叁俓	 齊陶 0001 陳怛膸	 齊陶 0338 華門陳棱再左里段(軌)亭區
 齊陶 0031 北郭陳喜僕	 齊陶 0177 陳恖(愍)立事丁	 齊陶 0107 蒦陳导(得)叁俓	 齊陶 0002 陳怛膸	 齊陶 0340 □門陳□再左里段(軌)亭釜
 齊陶 0046 北郭陳喜耽	 齊陶 0176 陳恖(愍)立事僕	 齊陶 0115 蒦陳导(得)叁朔	 齊陶 0010 陳怛□	 齊陶 0353 □巷陳惭左段(軌)槫均釜

 齊陶 0194 陳頙	 齊陶 0123 □陳旻(得) 叁膔	 齊陶 0075 平险(陉)陳 旻(得)	 齊陶 0059 □□陳喜□	 齊陶 0048 北郭陳喜
 齊陶 0198 陳頙	 齊陶 0149 陳戢(賀)立 事僕	 齊陶 0079 平险(陉)陳 旻(得)	 齊陶 0072 平险(陉)陳 旻(得)	 齊陶 0050 北□陳□□
 齊陶 0199 陳宴再膔	 齊陶 0150 陳戢(賀)立 事僕	 齊陶 0111 □陳□叁僕	 齊陶 0073 平险(陉)陳 旻(得)	 齊陶 0051 北郭陳□□
 齊陶 0200 陳宴再侳	 齊陶 0167 陳中山膔	 齊陶 0114 □陳□叁僕	 齊陶 0074 平险(陉)陳 旻(得)	 齊陶 0052 北郭陳喜□

 遺珍 153 陳賠	 齊拓. 陳蒼立事	 齊陶 0240 陳□再膇	 齊陶 0214 陳名	 齊陶 0201 陳宴再□
 夕續 489.2 陳不□	 齊陶 0304 陳□	 樂陶. 陳枳尚	 齊陶 0215 陳□	 齊陶 0208 陳不虜
 夕續 490.1 陳□	 遺珍 147 陳□	 齊陶 0272 陳□	 齊陶 0216 陳□□朔	 齊陶 0209 陳不虜
 夕續 490.2 陳□	 遺珍 151 陳不虜	 齊陶 0225 陳□膇	 齊陶 0217 陳□再	 齊陶 0211 陳槫

 夕續 128 陳𡖅	 夕續 108.1 陳忲	 夕續 123.1 陳陞	 夕續 31.1 陳导	 夕續 491 陳□
 夕續 129 陳𡖅	 夕續 127.2 陳便立事	 夕續 121 陳庫立事	 夕續 483 陳�županija	 夕續 193.1 陳
 夕續 142.1 陳	 夕續 181.2 陳	 夕續 67.1 陳榑	 夕續 113 陳象	 夕續 193.2 陳
 夕續 169.2 陳	 夕續 127.1 陳便	 夕續 93 陳伙	 夕續 117.1 陳□	 夕續 8 葉陳导

除

晉	楚	晉		
 新陶四趙 029 小市除	 阜陽 3・2 陳上	 新陶四韓 074 陳	 夕續 96.2 陳伙  集存 1・1 華門陳棱叁 左里毀(軌) 亭區  集存 1・8 陳纕□右里 □□	 夕續 176.1 陳  夕續 176.2 陳  夕續 178.2 陳  夕續 179.1 陳

陞* 隉* 阣*

晉		齊	秦	秦
 新陶四趙 023 長陞	 燕齊 293 蒦 圆(陽)匋 (陶)里人陞	 齊陶 0831 蒦圆(陽)匋 (陶)里人陞	 秦陶 2977 自桑隉(郭) 之封以東	 秦陶 2344 咸卜里阣
 新陶四趙 023 長陞	 集存 1・46 蒦圆(陽)匋 (陶)里人陞	 夕續 124.2 陳陞再		
		 陶成 5.06. 20.1 辛匋 (陶)里人曰 陞		
		 新陶四齊 131 蒦圆 (陽)匋(陶) 里人陞		

陵	隉*		阾*	隔*
秦	晋		齊	燕
			险	
 秦陶 2736 咸陵陽戲  秦拓. 咸陵 陽	 新陶四韓 044 隉(郳) 隼(觿)	 齊陶 0079 平险(阾)陳 导(得)	 齊陶 0072 平险(阾)陳 导(得)  齊陶 0073 平险(阾)陳 导(得)  齊陶 0074 平险(阾)陳 导(得)  齊陶 0075 平险(阾)陳 导(得)	 集拓. 燕 8 左宫隔

四

	秦		燕	齊
 秦陶 3264 大四	 秦陶 2977 四年	 燕齊 075 四害(轂)反	 新陶四燕 065 四害(轂)	 新陶四齊 329 四
 秦陶 360 四	 新陶五秦 053 四右六	 集存 4·4 十八年四月右缶(陶)君(尹)	 新陶四燕 083 四害(轂)	
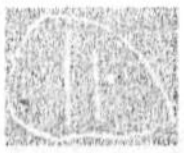 秦陶 361 四	 秦陶 349 四		 新陶四燕 247 四	
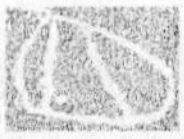 秦陶 478 十四	 秦陶 518 五四		 自怡.缶(陶)四害(轂)	

亞　綴

齊	商	齊		
 齊陶 1384 亞	 新陶二 073 亞	 陶成 5.03.42.1 丘齊辛里公孫綴	 秦陶 3067 四	 秦陶 479 十四
	 新陶二 077 亞□			 秦陶 484 十四
	 新陶二 081 亞□亞			 秦陶 1769 十四卅
	 新陶二 084 亞□亞			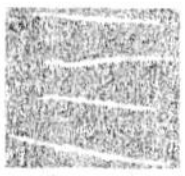 秦陶 347 四

五

燕			齊	商
 新陶四燕 041 河楠五魚鉨	 齊陶 1376 五	 新陶四齊 235 北里五	 齊陶 0750 北里五	 新陶二 050 五
 新陶四燕 065 四壴(瞉)五反(半)		 新陶四齊 237 北里五	 齊陶 0752 北里五	
 新陶四燕 247 五		 齊陶 1370 五	 新陶四齊 106 關里五	
 集拓.燕 24 五壴(瞉)		 齊陶 1375 五	 新陶四齊 218 豆里五	

		秦	楚	晉
 秦陶 485 十五	 秦陶 376 五	 新陶五秦 246 五	 新陶四楚 005 五	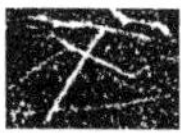 新陶四韓 093 十五
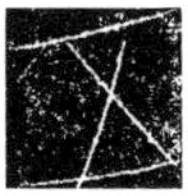 秦陶 519 五四	 秦陶 384 五五	 秦陶 367 五		
	 秦陶 391 五	 秦陶 371 五		
	 秦陶 482 十五	 秦陶 374 五		

秦	晉	楚	燕	齊
 新陶五秦058 四右六	 新陶四韓102 十六	 自怡: 廿年六月左缶(陶)肴(尹)	 新陶四燕010 十六年九月右缶(陶)肴(尹)	 齊陶 1238 六辛攻里□
 新陶五秦071 六十四	 新陶四韓103 十六	 集存 4・3 十七年六月右缶(陶)肴(尹)	 新陶四燕011 十六年十一月左缶(陶)□	 齊陶 1411 六
 新陶五秦199 廿六年	 新陶四韓104 十 六		 新陶四燕059 十六害(轂)	
 新陶五秦206 廿六年八			 新陶四燕247 六	

七

	燕	齊		
 新陶四燕071 二 吉(穀)七反(半)	 新陶四燕013 十七年十月左缶(陶)看(尹)	 齊陶1140 豆里七	 秦陶286 十六	 秦陶3309 廿六年
 新陶四燕076 二吉(穀)七反(半)	 新陶四燕018 □年七月左缶(陶)看(尹)	 新陶四齊304 明七		 秦陶407 六
 集存4·24 二吉(穀)七鶴(掬)	 新陶四燕049 廿七年□生高	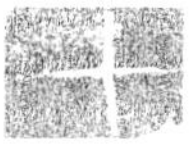 新陶四齊304 明七		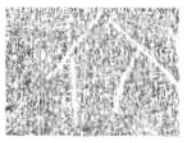 秦陶409 六
	 新陶四燕066 二吉(穀)七鶴(掬)	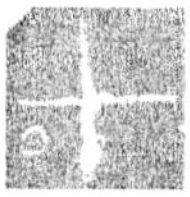 新陶四齊304 明七		 秦陶410 六

九

燕	齊	秦	楚	晉
 新陶四燕010十六年九月右缶(陶)君(尹)	 集存3·34大市九月	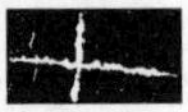 秦陶420七	 新陶四楚004七	 新陶四韓094七
 新陶四燕028十九年三月右缶(陶)君(尹)		 秦陶488十七		 新陶四韓096七
 新陶四燕247九		 秦陶489十七		
 集存4·12廿九年				

萬

晋			秦	
 新陶四魏061千萬	 秦陶2938樂定王氏九斗	 秦陶444九	 新陶五秦260九	 集存4·13廿九年
	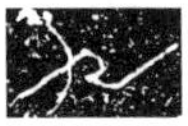 秦陶3141九	 秦陶492十九	 秦陶440九	
	 秦陶2003九百	 秦陶515卌九	 秦陶441九	
		 秦陶2930李氏九斗二参	 秦陶443九	

甲　　　　　　　　禹

	秦		秦	秦
 秦陶 1915 甲匋	 秦陶 285 甲	 秦陶 2381 左禹	 秦陶 1964 左禹	 秦陶 3016 千萬
 秦陶 2806 宫甲	 秦陶 290 甲	 秦拓. 咸少 原禹	 秦陶 1968 左禹	
 秦陶 3131 甲乙己	 秦陶 313 甲	 二秦 9 咸少 原禹	 秦陶 1969 左禹	
	 秦陶 1049 宫甲		 秦陶 1973 左禹	

乙

		燕		齊
 自怡.缶(陶)工乙	 新陶四燕181缶(陶)攻(工)乙	 新陶四燕102右宫乙	 新陶四齊148大蒦圆(陽)匋(陶)者乙	 齊陶0885大蒦圆(陽)匋(陶)者乙
 自怡.缶(陶)工乙	 新陶四燕182缶(陶)攻(工)乙	 新陶四燕109士缶(陶)乙		 新陶四齊143大蒦圆(陽)匋(陶)者乙
	 新陶四燕228缶(陶)乙	 新陶四燕115缶(陶)工乙		 新陶四齊207子袶子里曰乙
	 燕齊103乙	 新陶四燕179缶(陶)攻(工)乙		 集存1·58大蒦圆(陽)匋(陶)者乙

丁　　丙

	齊	商	秦	秦
 齊陶 0039 北郭陳喜丁	 齊陶 0177 陳忈(愆)立事丁	 新陶二 035 丁酉□	 新陶五秦 264 丙	 新陶五秦 263 乙
 齊陶 0205 陳肐立事丁	 齊陶 0178 陳忈(愆)立事丁		 秦陶 273 丙	 秦陶 2799 大匠乙
 齊陶 0207 □肐□事丁	 齊陶 0179 陳忈(愆)立事丁		 秦陶 1272 宮丙	 秦陶 3131 甲乙己
 新陶四齊 112 高閥(間)丁	 齊陶 0210 陳丩立事丁		 秦拓. 大丙	

	秦	晉	燕	
 秦陶 855 宮丁	 秦陶 221 丁未	 鑒陶 005 匋(陶)丁	 新陶四燕 122 缶(陶)攻(工)丁	 齊陶 0743 闢里丁
 秦陶 856 宮丁	 秦陶 312 丁			 齊陶 1017 高閔(閭)丁
 秦陶 857 宮丁	 秦陶 846 宮丁			
 秦陶 1523 丁	 秦陶 853 宮丁			

己			成	戊
齊			秦	秦
 齊陶 1399 己	 秦陶 3123 隱成吕氏缶容十斗	 秦陶 2742 咸重成敖	 秦陶 1659 咸重成遬	 秦陶 2528 左戊
 新陶四齊 333 己	 洛陽 4・119 成皋	 秦陶 2516 咸成陽章	 秦陶 1665 咸重成突	 秦陶 2807 宫戊
		 秦陶 2518 咸成陽章	 秦陶 1927 咸成陽申	 秦陶 3277 宫戊乙
		 秦陶 2523 咸成陽洛	 秦陶 2117 咸成陽申	 新陶五秦 061 宫戊

庚

秦	燕	秦	晉	燕
 秦陶 2601 庚	 新陶四燕 045 日庚都 王勹鍴(瑞)	 秦陶 2180 己  秦陶 2607 己  秦陶 3131 甲乙己	 新陶四韓 045 中巢□ 己	 新陶四燕 275 己

辛

秦			齊	商
 秦陶 2977 冬十壹月辛酉	 齊陶 1256 辛工	 齊陶 0971 左南郭巷辛匋(陶)里悏	 新陶四齊 111 左南郭巷辛匋(陶)里賹	 新陶二 036 □公万䢅(敦)鬬乍(作)父辛尊彝
 秦陶 304 辛	 齊拓. 辛	 齊陶 0974 □□□巷辛匋(陶)里賹	 新陶四齊 241 辛里胉□	
	 集存 2・60 左南郭巷辛匋(陶)里眾	 齊陶 1238 六辛攻里□	 齊陶 0578 丘齊辛里王汩茲逨	
		 齊陶 1249 辛豆	 齊陶 0581 丘齊辛里之䶡(胡)	

癸　　　　　　　　　　　　　　　　壬

商	秦	晉		齊
 新陶二 077 亞□癸	 秦拓.壬	 集存 5・39 匋(陶)壬	 齊陶 0760 北里壬	 新陶四齊 236 北里壬
	 秦拓.壬	 新陶四趙 013 事壬	 齊陶 0762 北里壬	 新陶四齊 238 北里壬
			 陶成 5.21. 012.1 子袶 里壬	 新陶四齊 239 北里壬
			 齊陶 1260 秦壬之器	 新陶四齊 263 壬

	秦	燕		齊
 秦陶 1221 莤陽癸	 秦陶 2977 冬十壹月癸酉	 樂陶.癸□	 齊陶 0914 豩巷大匋(陶)里癸	 新陶四齊 073 豩巷大匋(陶)里癸
 秦陶 1222 莤陽癸	 秦陶 1217 莤陽癸		 集存 1・17 豩巷大匋(陶)里癸	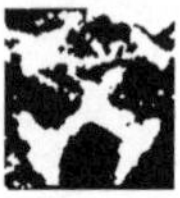 新陶四齊 103 楚郭巷關里癸
	 秦陶 1218 莤陽工癸			 新陶四齊 323 癸
	 秦陶 1220 莤陽工癸			 齊陶 0688 楚郭巷關里癸

子

			齊	商
 集存 3·4 子夆(逄)子 里人𩠹	 齊陶 1199 衷(逄)子里 㝵(得)	 齊陶 1189 子衷(逄)里 人腰	 齊陶 1182 子逄子里曰 宜乘	 新陶二 075 子
	 齊陶 1202 衷(逄)子里 㝵(得)	 齊陶 1190 子衷(逄)里 人腰	 齊陶 1182 子逄子里曰 宜乘	
	 新陶四齊 208 衷(逄) 子里桶	 齊陶 1193 子逄子里人 □	 齊陶 1183 子逄子里曰 宜乘	
	 集存 3·3 子逄子里曰 臧(臧)	 齊陶 1196 衷(逄)子里 脬	 齊陶 1187 子衷(逄)里 人腰	

孟　季

齊	齊	秦	晉	燕
 齊陶 1173 孟棠(常)匋(陶)里安	 齊陶 0349 右毁(軌)□巷尚畢里季踞	 秦陶 2977 周天子	 新陶四韓069 吕子	 燕齊 110 螽(蜃)子
 齊陶 1176 孟棠(常)匋(陶)里人趣	 齊陶 0386 右毁(軌)□巷尚畢里季踞	 新陶五秦224 子		 新陶四燕244 該子
 齊陶 1177 孟棠(常)匋(陶)里□□	 齊陶 0904 中蒦圆(陽)里季□			
 齊陶 1178 孟棠(常)匋(陶)里□□				

疑　　存

秦	齊	秦	秦	
	悎			
 秦陶 3416 歁疑者	 齊陶 0946 大匋(陶)里 悎	 新陶五秦 064 滿存	 秦陶 3044 孟	 燕齊 438 孟 常匋(陶)里 人均
 秦陶 3418 歁疑者	 齊陶 0971 左南郭巷辛 匋(陶)里悎			
 新陶五秦 198 歁疑者	 集存 2・45 東酷里涩悎 又見卷十 “悎”。			
 秦陶 3364 歁疑者				

丑　孛*　孨

秦	燕	燕		齊
 秦拓.宫丑	 新陶四燕107左缶(陶)攻(工)丑	 新陶四燕062二孛(穀)  新陶四燕064三孛(穀)  新陶四燕061三孛(穀)	 陶成5.05.211.1蒦圓(陽)匋(陶)里人孨	 齊陶0834蒦圓(陽)匋(陶)里人孨  齊陶0835蒦圓(陽)匋(陶)里人孨  燕齊271蒦圓(陽)匋(陶)里人孨  集存1·54蒦圓(陽)匋(陶)里人孨

辰　　卯　　寅

秦		秦	秦	齊
 秦陶 2977 周天子使卿大夫辰來致文武之酢	 秦拓. 卯	 秦陶 1172 卯	 秦陶 2808 宮寅	 齊陶 1417 寅
 新陶五秦 057 損辰	 秦拓. 咸巨陽卯	 秦陶 2286 匀卯	 秦陶 3198 大寅	
 新陶五秦 213 辰		 戎陶 069 咸陽巨卯	 秦拓. 大寅	
 秦陶 248 辰		 秦拓. 大卯		

以　　　　　　　　巳

晉	齊	秦	西周	
 新陶四韓025廿一年以來	 新陶四齊308中以	 新陶五秦265巳	 集拓.西周陶文3巳	 秦陶2705咸沃里辰
	 新陶四齊308中以	 集存6·30宫巳		 秦陶2706咸沃里辰
				 秦陶2707咸沃里辰
				 秦陶2708咸沃里辰

午

晋		燕	商	秦
 新陶四趙017□午	 燕齊018士午	 新陶四燕060缶（陶）午	 新陶二058午	 秦陶2977以爲右庶長歜宗邑
		 新陶四燕173缶（陶）攻（工）午		 秦陶2977子子孫孫以爲宗邑
		 新陶四燕223缶（陶）午		 秦陶2977自桑郭之封以東
		 新陶四燕274午		 秦陶2977顝以四年冬十壹月癸酉封之

晋	秦			秦
 新陶四韓 037 馬申	 秦陶 2977 大田佐敖童曰未	 二秦 28 咸□毋午	 秦拓. 咸□毒午	 秦陶 964 左午
	 秦陶 603 安未		 戎陶 079 咸允毒午	 秦陶 967 左午
	 秦陶 614 安未		 戎陶 080 咸允毒午	 秦陶 2970 午
	 秦陶 1115 未		 戎陶 081 咸允毒午	 秦陶 3271 午

酉　曳　臾

齊	商	晉	晉	秦
 陶成 5.21.047.1 酉里人曰□康	 新陶二 035 丁酉□	 新陶四晉 047 曳	 新陶四魏 001 淇□市斗臾(斞)壐	 秦陶 229 申
				 秦陶 230 申
				 秦陶 231 申
				 秦陶 2524 咸成陽申

酷

		齊	秦	晉
 集存 2・42 東酷里鄒奭	 齊陶 0963 東酷里滬塱	 齊陶 0383 左酷(造)右 床(庫)	 秦陶 2977 冬十壹月辛 酉	 新陶四平 036 酉
 集存 2・48 酷里慾	 新陶四齊 233 酷里人 □	 齊陶 0958 東酷里公孫 夜	 秦陶 2977 冬十壹月癸 酉	
 集存 2・49 酷里人匋 (陶)者眗	 齊拓. 左酷	 齊陶 0959 東酷里□棄 瘀(疾)		
 陶賞 10.2 酷里人霝	 集存 2・41 東酷里高痞	 齊陶 0960 東酷里匋 (陶)禺		

醬　　酢　　茜

燕	齊	秦	秦	
牆	臧			
 新陶四燕 050 廿一年牆(將)軍固喚都	 陶成 5.22. 042.1 臧(醬)	 秦陶 2977 文武之酢	 秦陶 1173 麗山茜府一斗二升	 陶成 5.05. 351.1 酷里□

		戌	尊	酢
		秦	西周	齊
		 秦陶 1116 戌	 新陶三 01 ·008□乍 (作)父乙寶 尊彝	 齊陶 0775 蒦圆(陽)南 里匋(陶)者 酢  集存 1·57 大蒦圆(陽) 里匋(陶)酢

新出古陶文文字編合文

十六

燕

集存1·1 十六年十一月右缶(陶)看(尹)

十七

燕

燕齊002 十七年十二月右缶(陶)看(尹)

集存4·3 十七年六月右缶(陶)看(尹)

二十

燕

廿

新陶四燕005 廿一年十二月右缶(陶)看(尹)

又見卷三"廿"。

新陶四燕006 廿一年三月右匋(陶)看(尹)

新陶四燕007 廿一年八月右缶(陶)看(尹)

燕齊001 廿三年四月

新陶四燕023 廿七年右缶(陶)看(尹)疋器鍴(端)

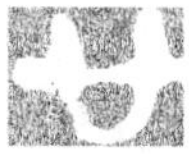

新陶四燕024 廿三年十二月右缶(陶)攻(工)□

自怡.廿年六月左(陶)看(尹)

集存4·12 廿九年

三十

秦	楚	晋	秦	晋
丗	卅		廿	廿
 新陶五秦 044 大官丗	 新陶四楚 003 卅	 洛陽 3·3 吉三卅二 又見卷三 “卅”。	 新陶五秦 197 廿六年	 新陶四韓 101 廿
 秦陶 500 丗			 新陶五秦 198 廿六年	 新陶四晋 100 廿
 秦陶 501 丗			 新陶五秦 199 廿六年	
			 新陶五秦 206 廿六年	

	宮毛	到于	君子	閭丁
	秦	秦	晉	齊
 秦陶 3103 宮毛	 秦陶 589 宮毛	 秦陶 2977 取杜才酆邱到于潏水	 集存 5・17 慶君子	 齊陶 1014 高�
 秦陶 3106 宮毛	 秦陶 590 宮毛	 秦陶 2977 北到于桑匽之封		 集存 2・32 高閱(閭)丁
 秦陶 3107 宮毛	 秦陶 1084 宮毛			 齊陶 1017 高閱(閭)丁
 秦陶 3109 宮毛	 秦陶 1161 宮毛			 齊陶 1018 高閱(閭)丁

櫟市　大夫　左旦　右角

秦	秦	秦	秦	
 秦陶 3054 櫟市	 秦陶 2977 周天子使卿大夫辰來致文武之酢	 秦陶 2555 左旦	 秦陶 676 右角	 秦陶 3111 宮毛
 秦陶 3250 櫟市		 秦陶 2550 左旦	 秦陶 1974 右角	 秦陶 3112 宮毛
 秦陶 3252 櫟市			 秦陶 2561 右角	 秦陶 3113 宮毛
 秦陶 3317 櫟市				 秦陶 3114 宮毛

司工			公區	王區
晋			齊	齊
 新陶四趙003 司工	 燕齊 127 公區	 燕齊 126 公區	 新陶四齊004 公區	 新陶四齊018 䛓王區豆里郭鄒
 新陶四趙004 司工	 集存 3・42 公區	 齊陶 0375 公區	 新陶四齊007 公區	
	 燕齊 119 公區	 齊陶 0376 公區	 新陶四齊008 公區	
	 燕齊 120 公區	 齊陶 0377 公區	 齊陶 0378 公區	

	缶工	缶攻	小市	司馬
	燕	燕	晉	晉
	 新陶四燕 217 缶(陶) 工	 新陶四燕 148 缶(陶) 攻(工)	 新陶四趙 028 小市立 赵	 新陶四平 007 司馬耳
	 新陶四燕 218 缶(陶) 工	 新陶四燕 149 缶(陶) 攻(工)□	 新陶四趙 029 小市除	
	 新陶四燕 234 缶(陶) 工	 新陶四燕 204 缶(陶) 攻(工)		
	 新陶四燕 235 缶(陶) 工	 新陶四燕 209 缶(陶) 攻(工)士		

新出古陶文文字編附録

商	商	商	商
 新陶二014 ～	 新陶二020 ～	 新陶二022 ～	 新陶二023 ～

商	商	商	商	商
 新陶二 029 ～	 新陶二 026 ～	 新陶二 026 ～	 新陶二 025 ～	 新陶二 025 ～

齊	齊	商	商	商
 集存 3・28 丘齊炶里□□～	 集存 2・3 中蒦圆(陽)里～區人牛	 新陶二 036 ～□公万𩫏(敦)闢乍(作)父辛尊彝	 新陶二 031 ～	 新陶二 030 ～

齊	齊	齊	齊	齊
 齊拓．～	 齊拓．～	 齊拓．繇巷大匋(陶)里～	 新陶四齊070繇巷大匋(陶)里～  新陶四齊070繇巷大匋(陶)里～  齊陶0936繇巷大匋(陶)里～  齊拓．繇巷大匋(陶)里～	 新陶四齊063～

齊	齊	齊	齊	齊
 集存 1・5 □□□棱□ □～均□	 集存 3・59 ～訇所爲 缶(陶)□	 集存 2・4 中蒦圆(陽) 里～舊	 齊陶 1238 六辛攻里～	 新陶四齊 173 丘齊炶 里王～

齊	齊	齊	齊	齊
 燕齊 355 楚郭巷蔵里～  齊陶 0642 楚郭巷蔵里～  古璽印輯存 12～  新陶四齊 090 楚郭巷蔵里～	 燕齊 150 王卒左𣪘(軌)～圆(陽)櫎里坴  燕齊 153 王卒左𣪘(軌)～圆(陽)櫎里坴	 齊陶 0396 王卒左𣪘(軌)～圆(陽)櫎里坴  齊陶 0398 王卒左𣪘(軌)～圆(陽)櫎里坴  新陶四齊 066 王卒左𣪘(軌)～圆(陽)櫎里五  集存 3・7 王卒左𣪘(軌)～圆(陽)里土	 集存 1・51 蒦圆(陽)匋(陶)里人～	 集存 1・28 蒦圆(陽)南里～

齊	齊	齊	齊	齊
 薛河.～安	 集存2・17 楚郭巷櫃里 ～	 齊陶0975 黍郡巷賫王 ～貽	 集存2・54 大匋(陶)里 ～	 集存2・50 酷里人～

齊	齊	齊	齊	齊
 新陶四齊 247～  新陶四齊 248～  燕齊 474～	 新陶四齊 241 辛里朐～	 新陶四齊 240 陳～	 新陶四齊 233 酷里人～	 新陶四齊 205 鄁(巷)～

齊	齊	齊	齊	齊
 新陶四齊 290～	 新陶四齊 283～	 新陶四齊 244 丹～	 薛河.～ 或釋“迊”	 新陶四齊 261～

齊	齊	齊	齊	齊
 燕齊369鄙巷大匋(陶)里～	 燕齊479～	 燕齊455鄙巷□里～賫	 燕齊455鄙巷～里□賫	 燕齊357鄙巷大匋(陶)里～  新陶四齊071鄙巷大匋(陶)里～

齊	齊	齊	齊	齊
脜			蚯	

齊拓.左南郭巷辛匋(陶)里脜	陶成 5.05.120.1 繇巷大匋(陶)里～	齊陶 0215 □～□□繮	新陶四齊 350～	新陶四齊 340～

齊	齊	齊	齊	齊
 陶成 5.02. 25.1 城圞 (陽)□～	 陶成 5.03. 22.1 丘齊 炶里王～	 陶成 5.04. 67.1 關里人 ～	 陶成 5.05. 095.1 繇巷 大匋(陶)里 ～	 陶成 5.05. 116.1 繇巷 大匋(陶)里 ～

齊	齊	齊	齊	齊
⿰犭齊				
 樂陶.蒦圆(陽)辛里～	 陶成 5.02.38.1 城圆(陽)～	 陶成 5.04.38.1 蔵豆～	 陶成 1.112.1 沽～  陶成 1.113.1 沽～	 陶成 5.21.109.1～

齊	齊	齊	齊	齊
 陶成 5.06.16.1 左南郭巷辛匋(陶)里～	 陶成 5.05.344.1 酷里□□～	 陶成 5.05.274.1 中蒦昜(陽)里～	 陶成 5.05.179.1 蒦昜(陽)匋(陶)里～	 陶成 1.112.1～□ 或釋爲"沽"

齊	齊	齊	齊	齊
擘				
 齊陶 0816 蒦圆(陽)匋(陶)里人～雊  齊陶 0815 蒦圆(陽)匋(陶)里人～雊  燕齊 268 蒦圆(陽)匋(陶)里人～雊  集存 1・55 蒦圆(陽)匋(陶)里人～雊	 陶成 5.22.073.1～	 陶成 5.21.122.1 倕～	 陶成 5.21.108.1～  陶成 5.21.108.2～	 陶成 5.19.53.1 豆里～

齊	齊	齊	齊	齊
				斿

陶成 5.22.092.1～	陶成 5.22.089.1～	陶成 5.21.047.1 西里人曰□康～	陶成 5.05.174.2 蒦圆(陽)匋(陶)里～	陶成 5.22.056.1～

齊	齊	齊	齊	齊
	⿱⿰鼎升心			
 樂陶.叡丘巷武昌里周□	 陶成 7.4.2 ～	 陶成 7.4.3 □～	 陶成 7.4.3 ～□	 陶成 5.22.102.1～

齊	齊	齊	齊	齊
 陶成 5.03.69.1 炻里□～ 或釋爲“向”。	 陶成 5.03.51.1 上炻里～ 或隸作“閉”。	 邾陶.～基子之度恂(量)也	 陶成 5.05.160.1 蒦圆(陽)匋(陶)里□～	 陶成 5.05.160.1 蒦圆(陽)匋(陶)里～□

齊	齊	齊	齊	齊
戜	塱		或	戋
 新陶四齊 018 戜王區 豆里郭鄧	 齊陶 0961 東酷里涖塱  齊陶 0962 東酷里涖塱	 齊陶 1251 苁～圛(陽) [illegible]豆	 齊陶 0655 楚郭巷或里 腊  齊陶 0656 楚郭巷或里 腊  集存 2・23 楚郭巷或里 腊	 集存 1・16 繇巷大匋 (陶)里戋

燕	燕	燕	燕	燕
 新陶四燕149缶(陶)攻(工)～	 新陶四燕094右宫～	 新陶四燕067缶(陶)～	 新陶四燕048□～市王勹	 新陶四燕013左缶(陶)倈～敀塋
 新陶四燕197缶(陶)攻(工)～	 新陶四燕095右宫～			 新陶四燕027倈～敀國
	 集存4・17右宫～			

燕	燕	燕	燕	燕
 燕齊 086～	 新陶四燕 284～	 新陶四燕 277～	 陶選 0052 ～	 新陶四燕 155 缶(陶)攻(工)～  新陶四燕 157 缶(陶)攻(工)～  集存 4・44 缶(陶)攻(工)～  燕齊 055 缶(陶)攻(工)～

燕	燕	燕	燕	燕
		[illegible]		
 自怡.～	 自怡.～	 自怡.～	 新陶四燕 302～	 新陶四燕 297～

燕	燕	燕	燕	燕
				肩
 集存 4・31 缶(陶)人～	 木葉. 馱生 ～	 自怡. □瘇 ～齋 或釋爲“兒”。	 自怡. ～	 自怡. ～

燕	燕	燕	燕	燕
 燕齊104～	 燕齊093～	 燕齊085～	 燕齊079～	 燕齊057缶(陶)攻(工)～

燕	燕	燕	燕	燕
⿱𠂉田				
 集拓.燕 13 右宫～	 燕陶.缶(陶)攻(工)～	 集存 4・23 左宫～	 燕齊 476～	 燕齊 109～

晋	晋	燕	燕	燕
			⿰弓善	⿰禾悤
 陶選 0057～	 陶選 0054～	 自怡. ～  歷博・燕117～	 陶成 5.22.074.1～	 集拓.燕 89～

晋	晋	晋	晋	晋
 新陶四魏 049～	 新陶四韓 033～	 新陶四韓 045 中巢～ 己	 新陶四韓 078～	 新陶四韓 075 上～  新陶四韓 076 上～

晋	晋	晋	晋	晋
 新陶四平 024～□	 新陶四平 023 倡～	 新陶四平 020～飠	 新陶四平 013 邳～	 新陶四魏 066～

晋	晋	晋	晋	晋
 新陶四晋107～	 洛陽3·10～有左秦	 新陶四晋090～	 新陶四平028～固	 新陶四平025□～

晋	晋	晋	晋	晋
 集存 5・26 匋(陶)～	 步黟堂. 匋(陶)～ 魏	 鑒陶 010 匋(陶)～	 新陶四晋 110 綦～寺	 新陶四晋 108～

秦	秦	晋	晋	晋
				𢈈
 秦拓.咸亭郿里～器	 秦拓.咸少原～  秦拓.咸少原～	 二晋 24 匋(陶)～	 二晋 14 匋(陶)～	 集存 5・58 亜𢈈  集存 5・59 亜𢈈  二晋 41 亜𢈈

秦	秦	秦	秦	秦
 秦陶 1970 右～	 秦陶 1570 咸鄘里～	 秦陶 2378 左～	 新陶五秦 283～	 秦拓. 咸𨾴 陽～
 秦陶 1971 右～	 秦陶 1692 咸直里～	 秦陶 2379 左～		
 秦陶 2563 右～		 秦陶 2382 左～		
		 秦陶 2549 左～		

	秦	秦	秦	秦
 秦陶 1646 咸完里～	 秦陶 1639 咸完里～	 秦陶 2223 ～	 秦陶 2033 ～	 秦陶 110～
 秦陶 1647 咸完里～	 秦陶 1640 咸完里～	 秦陶 2224 ～	 秦陶 2035 ～	
 秦陶 1648 咸完里～	 秦陶 1642 咸完里～	 秦陶 2225 齒	 秦陶 2312 ～	
 秦陶 1649 咸完里～	 秦陶 1644 咸完里～			

秦	秦	秦	秦	秦
 新陶五秦 298～	 新陶五秦 296～	 新陶五秦 223～	 秦陶 1291 降～	 新陶五秦 028 咸鄜里～
	 新陶五秦 297～	 秦陶 3259 ～		

秦	秦	秦	秦	秦
 秦拓.咸完里～	 秦拓.～	 秦陶 2067 ～	 秦陶 1936 咸～陽疢	 新陶五秦 447～
		 秦陶 2068 ～	 秦陶 1938 咸～・1 疢	 新陶五秦 331～
		 秦陶 2069 ～		

			秦	秦
			 秦拓. 咸少原～	 秦拓. ～  秦陶 2591 ～

參考文獻

程燕：《戰國典制研究——職官篇》，安徽大學出版社二〇一八年。
成穎春：《齊陶文集成》，齊魯書社二〇一九年。
阜陽博物館：《阜陽博物館文物集萃》，文物出版社二〇一七年。
高明：《古陶文彙編》，中華書局一九九〇年。
高明、葛英會：《古陶文字徵》，中華書局一九九一年。
高明、涂白奎：《古陶字録》，上海古籍出版社二〇一四年。
顧廷龍：《古匋文孴録》，國立北平研究院石印本一九三六年。
孔祥宇：《二介山房藏秦陶文五十品》，原拓本。
孔祥宇：《二介山房藏晋陶文四十七品》，原拓本。
何琳儀：《戰國古文字典》，中華書局一九九八年。
何琳儀：《安徽大學漢語言文字研究叢書——何琳儀卷》，安徽大學出版社二〇一三年。
河南省文物考古研究院：《三門峽市印染廠墓地》，中州古籍出版社二〇一七年。
河南省文物考古研究院：《新鄭雙樓東周墓地》，大象出版社二〇一六年。
金祥恒：《陶文編》，藝文印書館一九六四年。
李家浩：《安徽大學漢語言文字研究叢書——李家浩卷》，安徽大學出版社二〇一三年。

梁章凱：《燕下都新出土文物集拓》，藝友齋一九九八年。
吕金成：《夕惕藏陶》，山東畫報出版社二〇一四年。
吕金成：《夕惕藏陶續編》，中西書局二〇一六年。
山東大學歷史文化學院考古學系、山東博物館、新泰市博物館：《新泰出土田齊陶文》，文物出版社二〇一四年。
山東省文物考古研究所：《臨淄齊故城》，文物出版社二〇一三年。
山東省錢幣學會：《齊幣圖釋》，齊魯書社一九九六年。
山西省考古研究所：《侯馬喬村墓地：一九五九—一九九六》，科學出版社二〇〇四年。
陝西省考古研究院、寶雞市考古研究所、鳳翔縣博物館：《秦雍城豆腐村製陶作坊遺址》，科學出版社二〇一三年。
陝西省考古研究院：《西安尤家莊秦墓》，陝西科學技術出版社二〇〇八年。
陝西省考古研究所：《西安北郊秦墓》，三秦出版社二〇〇六年。
陝西省考古研究所：《秦都咸陽考古發掘報告》，科學出版社二〇〇四年。
陝西省考古研究所：《秦始皇帝陵園考古報告二〇〇一—二〇〇三》，文物出版社二〇〇七年。
陝西省考古研究所：《秦始皇帝陵園考古報告二〇〇〇》，文物出版社二〇〇六年。
陝西省考古研究院：《臨潼新豐——戰國秦漢墓葬考古發掘報告》，科學出版社二〇一六年。
史樹青主編：《中國歷史博物館藏法書大觀（第三卷）：陶文、磚文、瓦文》，上海教育出版社二〇〇〇年。
石雙梁：《天印藏陶》，天印古陶館二〇一七年。
蘇兆慶等：《莒縣文物志》，齊魯書社一九九三年。
孫剛：《齊文字編》，福建人民出版社二〇一〇年。
孫慰祖：《中國印章——歷史與藝術》，外文出版社二〇一〇年。

唐存才：《步黟堂藏戰國陶文遺珍》，上海書畫出版社二〇一三年。
唐存才：《步黟堂古陶文集存》一函六册，原拓本二〇一八年。
唐際根：《殷墟——一個王朝的背影》，科學出版社二〇〇九年。
湯餘惠主編：《戰國文字編》，福建人民出版社二〇〇一年。
湯餘惠：《戰國銘文選》，吉林大學出版社一九九三年。
王恩田：《陶文圖録》，齊魯書社二〇〇六年。
王恩田：《陶文字典》，齊魯書社二〇〇七年。
尾崎蒼石、水野悟游、角谷天樓：《蒼石藏陶》，二〇〇九年。
尾崎蒼石：《新出鉨印陶文百選》，蒼文篆會二〇一五年。
文雅堂：《中國古代陶文集拓》，北京文雅堂一九九九年。
西安市文物保護研究所：《西安南郊秦墓》，陝西人民出版社二〇〇四年。
西泠印社：《印記延年——周秦兩漢玉印陶文掇英》，上海書畫出版社二〇一五年。
咸陽市文物考古研究所：《任家咀秦墓》，科學出版社二〇〇五年。
咸陽市文物考古研究所：《塔兒坡秦墓》，三秦出版社一九九八年。
許雄志：《鑒印山房藏鉨印陶文》，原器精拓二〇一八年。
徐在國：《安徽大學漢語言文字研究叢書——徐在國卷》，安徽大學出版社二〇一三年。
徐在國：《新出齊陶文圖録》，學苑出版社二〇一五年。
徐在國：《新出古陶文圖録》，安徽大學出版社二〇一八年。
楊廣泰：《新出陶文封泥選編》，文雅堂稿本二〇一五年。

袁仲一、劉鈺：《秦陶文新編》，文物出版社二〇〇九年。
張小東：《戎壹軒藏秦系陶文專題展》，西泠印社出版社二〇一九年。
張振謙：《齊魯文字編》，學苑出版社二〇一四年。
中國國家博物館田野考古研究中心、山東大學考古學系：《山東薛河流域系統考古調查報告》，科學出版社二〇一六年。
周寶宏：《古陶文形體研究》，社會科學文獻出版社二〇〇二年。
周進集藏，周紹良整理，李零分類考釋：《新編全本季木藏陶》，中華書局一九九八年。
周曉陸：《酒餘亭陶泥合刊》，藝文書院二〇一二年。
董珊：《戰國題銘與工官制度》，北京大學博士學位論文二〇〇二年五月。
陸德富：《戰國時代官私手工業的經營形態》，復旦大學博士論文二〇一一年三月。
張振謙：《齊系文字研究》，安徽大學博士學位論文二〇〇八年。
蔡運章、安亞偉：《西周陶簋所見圖畫、筮數和文字簡論》，《考古》二〇〇七年第二期。
陳偉武：《〈古陶文字徵〉訂補》，《中山大學學報》一九九五年第一期；《語言文字學》一九九五年第一二期。
曹瑋：《陶拍上的數字卦研究》，《文物》二〇〇二年第一一期。
馮勝君：《〈夕惕藏陶〉補釋二則》，《印學研究》第八輯，文物出版社二〇一六年。
高明：《從臨淄陶文看衢里制陶業》，《古文字研究》第十九輯，中華書局一九九二年。
高明：《説『鋻』及其相關問題》，《考古》一九九六年第三期。
葛英會：《古陶文研習劄記》，《考古學研究》（一），文物出版社一九九二年一〇月。
郭效生、朱和森：《古『埒』置縣新考及『五王城』建城考略》，山西文化産業博覽交易網Http://www.shanxiwenbow.com/BBS/show-3145.html，二〇一八年六月一日。
何琳儀：《古陶雜識》，《考古與文物》一九九二年第四期。
焦智勤：《鄴城戰國陶文研究》，《古文字研究》第二十四輯，中華書局二〇〇二年。
李亮亮、馬建軍、李建明：《青州西辛戰國墓出土『齊大刀』刀幣範綜述》，《中國錢幣》二〇一六年第三期。
李零：《齊、燕、邾、滕陶文的分類與題銘格式》，《管子學刊》一九九〇年一期八十四頁； 又《新編全本季木藏陶》六頁，中華書局一九九八年。
李學勤：《談淮陽平糧台紡輪『易卦』符號》，《光明日報》（國學版）二〇〇七年四月一二日。
李學勤：《新發現西周筮數的研究》，《周易研究》二〇〇三年第五期。
李學勤：《山東陶文的發現和著録》，《齊魯學刊》一九八二年第五期。
李學勤：《燕齊陶文叢論》，《上海博物館集刊》第六期，上海古籍出版社一九九二年。
李學勤：《陳固陶區》，《學習與探索》一九九五年第五期； 《綴古集》，上海古籍出版社一九九八年。
李學勤：《田齊陶文的『鍾』》，《四海尋珍》，清華大學出版社一九九八年。
李學勤：《秦封泥與齊陶文中的『巷』字》，《陝西歷史博物館館刊》第八輯，三秦出版社二〇〇一年。
劉剛：《新鄭出土陶文考釋二則》，《中國文字學報》第六輯，商務印書館二〇一五年。
廖名春：《長安西仁村陶拍數字卦解讀》，《周易研究》二〇〇三年第五期。
陸德富：《齊國古璽陶文雜釋二則》，《考古與文物》二〇一六年第一期
山東大學歷史文化學院考古系、鄒城市文物局：《山東鄒城市邾國故城遺址二〇一五年發掘簡報》，《考古》二〇一八年第三期第四四頁。
孫敬明：《齊陶新探（附：益都藏陶）》，《古文字研究》第一四輯，中華書局一九八六年。

孫敬明：《濰淄流域的陶文》，《中國文物報》一九八八年一〇月七日三版。
孫敬明：《齊國陶文分期芻議》，《古文字研究》第一九輯，中華書局一九九二年。
孫敬明：《齊陶文比較研究》，《管子學刊》一九九四年第三、四期。
唐存才：《戰國陶文及其藝術内涵管窺》，《中國書法》二〇一七年第一期。
唐存才：《戰國陶文鑒賞（一）》，《書法》二〇一八年第十期。
唐存才：《戰國陶文鑒賞（二）》，《書法》二〇一九年第一期。
唐存才：《戰國陶文鑒賞（三）》，《書法》二〇一九年第二期。
唐存才：《戰國陶文鑒賞（四）》，《書法》二〇一九年第三期。
唐存才：《戰國陶文鑒賞（五）》，《書法》二〇一九年第四期。
唐存才：《戰國陶文鑒賞（六）》，《書法》二〇一九年第五期。
唐存才：《戰國陶文鑒賞（七）》，《書法》二〇一九年第六期。
唐存才：《戰國陶文鑒賞（八）》，《書法》二〇一九年第七期。
唐存才：《戰國陶文鑒賞（九）》，《書法》二〇一九年第八期。
唐存才：《戰國陶文鑒賞（十）》，《書法》二〇一九年第九期。
唐存才：《戰國陶文鑒賞（十一）》，《書法》二〇一九年第十期。
唐存才：《戰國陶文鑒賞（十二）》，《書法》二〇一九年第十一期。
唐存才：《戰國陶文鑒賞（十三）》，《書法》二〇一九年第十二期。
唐存才：《戰國陶文鑒賞（十四）》，《書法》二〇二〇年第一期。
唐存才：《戰國陶文鑒賞（十五）》，《書法》二〇二〇年第二期。

唐存才：《戰國陶文鑒賞（十六）》，《書法》二〇二〇年第三期。
唐存才：《戰國陶文鑒賞（十七）》，《書法》二〇二〇年第四期。
唐存才：《戰國陶文鑒賞（十八）》，《書法》二〇二〇年第五期。
唐存才：《戰國陶文鑒賞（十九）》，《書法》二〇二〇年第六期。
唐　蘭：《陳常匋釜考》，《國學季刊》五卷一期。
王恩田：《齊國地名陶文考》，《考古與文物》一九九六年第四期。
王恩田：《新泰齊國官量陶文的發現與初步探索》，《印學研究》第二輯，山東大學出版社二〇一〇年。
王恩田：《新泰齊國官量陶文考釋——兼説杞分二國與楚、齊滅杞》，《海岱考古》第八輯，科學出版社二〇一五年。
尾崎蒼石：《戰國古陶文考》，《孤山證印——西泠印社國際印學峰會論文集》，西泠印社出版社二〇〇五年。
吴振武：《戰國『亩（廩）』字考察》，《考古與文物》一九八四年第四期。
吴振武：《試説齊國陶文中的『鍾』和『溢』》，《考古與文物》一九九一年第一期。
吴振武：《談齊『左掌客亭』陶璽——從構形上解釋戰國文字中舊釋爲『亳』的字應是『亭』字》，《社會科學戰綫》二〇一二年第一二期。
吴振武、于閏儀、劉爽：《吉林大學文物室藏古陶文》，《史學集刊》二〇〇四年第四期。
徐在國：《古陶文字考釋六則》，《印學研究（二〇一二）》，山東大學出版社二〇一二年。
徐在國：《古陶文字考釋四則》，《出土文獻》第三輯，中西書局二〇一二年。
徐在國：《談齊陶文中的『陳賀』》，《安徽大學學報》二〇一三年第一期。
徐在國：《古陶文字釋叢》，《古文字研究》第二十三輯，中華書局等二〇〇二年。
徐在國：《説『喜』兼論古陶文著録中的倒置》，《安徽大學學報》二〇〇八年第五期。

徐在國：《歷博藏戰國陶文補釋》，《出土文獻與古文字研究》，復旦大學出版社二〇一〇年。
徐在國：《談新發現的一件齊陶文》，《中國文字》新四十三期，藝文印書館二〇一七年。
徐在國：《釋三晋文字中的「訇」及從「訇」之字》，《文獻語言學》第四輯，中華書局二〇一七年。
徐在國：《新出韓、魏陶文輯録》，《出土文獻》第十一輯，中西書局二〇一七年。
徐在國：《新出秦、燕陶文補釋》，《北華大學學報》（社會科學版）二〇一八年第四期。
徐在國：《穀陽城遺址出土楚陶印補釋》，《古文字研究》第三十二輯，中華書局二〇一八年。
徐在國：《新出燕陶文選釋》，《中國文字學報》第九輯，商務印書館二〇一八年。
徐在國：《齊陶文「陳枳尚」考》，《中山大學學報（社會科學版）》二〇一九年第六期。
徐在國：《山東鄒城市邾國故城遺址出土陶文補釋》，《詁字研究論集》一九八—二〇三頁，中西書局二〇一九年。
徐在國：《魏陶文選釋一則》，《晋邦尋盟——侯馬盟書古文字暨書法藝術學術研討會論文集》一七六—一八〇頁，北嶽文藝出版社二〇二〇年。
晏昌貴：《西周陶簋所見筮數、圖象考釋》，《周易研究》二〇〇九年第二期。
楊永賀、梁雲詩、沈美辰、譚玉華：《内蒙古自治區准格爾旗頭道溝遺址發掘簡報》，《草原文物》二〇一六年第二期。
姚生民：《淳化縣發現西周易卦符號文字陶罐》，《文博》一九九〇年第三期。
楊爍：《新出燕陶文輯録》，《中國文字學報》第八輯，商務印書館二〇一七年。
楊爍：《試説燕陶文中的容量單位「壴」》，《出土文獻》（第十五輯），中西書局二〇一九年。
楊澤生：《古陶文字零釋》，《中國文字》新二十二期，藝文印書館一九九七年。
衣雪峰：《後千甓亭藏鄴城陶文略述》，《印學研究》第二輯，山東大學出版社二〇一〇年一二月。
殷墟孝民屯考古隊：《二〇〇三—二〇〇四年安陽市孝民屯商代鑄銅遺址發掘》，《考古》二〇〇七年第一期。

于軍、吴磬軍：《新見燕下都陶尊及其銘文的初步研究》，《文物春秋》二〇一一年第二期。
于軍：《下都遺珍——燕陶山房過眼燕陶文概説》，《終南》（第二十三輯），終南印社社刊二〇一四年。
于軍：《燕三級監造類陶文的初步研究》，《燕趙金石論集》，河北教育出版社二〇一六年。
于軍、楊爍：《談新見的兩組燕陶文》，《戰國文字研究》（第一輯），安徽大學出版社二〇一九年。
張朝暉：《岐山縣博物館藏秦代陶缶》，《文物》二〇一七年第一〇期。
張振謙：《齊系陶文考釋十二則》，《安徽大學學報》二〇〇九年第四期。
張振謙：《齊國陶文陳怛考》，《中國文字學報》第三輯，商務印書館二〇一〇年。
張振謙：《燕陶文考釋九則》，《印學研究》第七輯，文物出版社二〇一五年。
張振謙：《燕璽文字考釋七則》，《中國文字學報》第六輯，商務印書館二〇一五年。
張振謙：《説燕系文字的『爪形合併』》，《古籍研究》總第六十一卷，鳳凰出版社二〇一五年。
張振謙：《説燕系『中』旁文字》，《中國文字研究》第二十二輯，上海書店出版社二〇一五年。
張政烺：《平陵陳导立事歲陶考證》，《史學論叢》三期，一九三五年。
趙超：《鑄師考》，《古文字研究》第二十一輯，中華書局二〇〇一年。
鄭超：《戰國秦漢陶文研究概述》，《古文字研究》第十四輯，中華書局一九八六年。
中山大學南中國海考古研究中心、內蒙古自治區文物考古研究所、准格爾旗文物管理所：《內蒙古自治區准格爾旗頭道溝遺址發掘簡報》，《草原文物》二〇一六年〇二期。
朱德熙：《戰國文字中所見有關廄的資料》，《古文字學論集（初編）》，香港中文大學中國文化研究所吴多泰中國語文研究中心；又《戰國文字資料里所見的廄》，《出土文獻研究》，文物出版社一九八五年。
朱德熙：《戰國匋文和璽印文字中的『者』字》，《古文字研究》第一輯，中華書局一九七九年。

筆畫檢字表

八　畫

九　畫

十　畫

十一畫

音序檢字表

A		B			C	
āi		bā		bǎo		cái
哀 426		八 34		寶 323		才 253
ān		bá		保 338		cán
安 318		茇 64		bào		損 471
姿 319		鄧 281		豹 386		cāng
áo		bǎi		狢 386		蒼 24
敖 168		百 153		暴 407		cáng
ào		bài		bēi		藏 26
驁 390		敗 143		逌 77		臟 174
		bān		卑 123		倉 211
		班 13		悲 423		cáo
		bàn		bèi		曹 193
		半 42		貝 266		cǎo
		bāng		北 349		艸 19
		邦 276		被 357		chǎi
		bàng		běng		茝 20
		犀 381		絣 361		chǎn
		bāo		綳 484		產 259
		勹 376		bí		chàn
				鼻 155		顫 370
				胆 155		chāng
				bǐ		昌 293
				疕 330		cháng
				bì		常 336
				必 41		長 383
				畢 164		cháo
				臂 171		巢 260
				賁 270		淖 435
				敝 336		潮 435
				辟 376		chē
				斃 401		

虛 424			
biān			
邊 77			
鞭 111			
胘 174			
臕 174			
biàn			
眄 151			
便 341			
偏 341			
biāo			
驫 381			
bīn			
玢 13			
bīng			
兵 109			
bǐng			
秉 120			
丙 542			
bìng			
病 330			
并 348			
bó			
伯 339			
博 95			
bū			
逋 76			
bǔ			
卜 146			
bù			
步 65			

六二三

dǐ		dài		cī		雦	98	車	517
邸	277	代	341	赵	63	chǒu		chè	
邸	277	追	78	cǐ		醜	552	中	18
牴	44	怠	417	此	71	丑	378	chén	
dì		帶	335	cì		chū		臣	130
帝	4	繻	335	賜	269	初	176	沈	429
地	492	dān		束	308	出	256	陳	525
墜	492	丹	208	cōng		chú		甚	191
diān		鄲	279	聰	457	除	529	辰	553
顛	369	儋	340	cóng		徎	84	chèn	
diàn		馰	392	藂	25	嫭	462	疢	331
剫	177	dàn		從	348	廚	380	chēng	
奠	181	旦	296	cù		chǔ		禹	167
塗	182	dāng		酢	559	楚	252	chéng	
diāo		當	508	cuī		處	513	丞	108
雕	157	dāo		鄌	284	chù		乘	237
彫	373	刀	175	cuì		阜	178	朾	247
dié		厇	175	萃	25	歊	366	城	494
疊	299	dào		cún		觸	178	眷	499
dīng		道	76	存	551	chuán		成	544
丁	542	衕	76	cuò		船	363	chí	
dìng		dé		錯	512	chuàn		屖	64
定	317	德	78	**D**		鄟	282	遲	75
dōng		得	79	dá		chuí		chǐ	
東	250	寻	79	達	75	徤	85	侈	342
冬	445	遝	82	怛	422	倕	267	chōng	
dòu		獥	397	製	426	chūn		春	315
梪	155	dēng		dà		春	26	chōu	
豆	201	登	64	大	401	chún		犨	43
斗	515	dī		呑	401	脣	58	瘳	331
dū		狐	385	炊	367	辜	233	chóu

躬 327	甘 190	襌 358	ěr	都 276
弓 476	gǎn	fǒu	尔 147	dú
gǒng	敢 169	䀇 143	耳 457	毒 18
廾 108	笴 179	缶 213	èr	dǔ
礦 382	衦 357	炻 399	二 490	竺 491
釭 382	gàn	缹 449	**F**	堵 493
gòng	腃 303	fū	fǎ	dù
共 110	弇 296	夫 408	灋 392	度 122
贛 268	gāo	㚼 386	fán	杜 240
gōu	膏 170	fú	煩 370	duān
句 92	高 223	䒞 30	fǎn	端 513
gǒu	皐 407	榑 245	反 120	duàn
笱 92	臺 224	弗 466	fàn	段 132
狗 395	gǎo	fǔ	犯 395	剸 514
gòu	杲 245	釜 111	飯 210	斷 514
坸 499	奔 408	䩱 111	fāng	duī
購 272	gé	莆 248	方 363	砙 283
㝅 552	敠 144	府 380	汸 441	duì
gū	閣 455	𨳎 380	fèi	兌 364
沽 434	gèn	fù	㫒 295	dūn
姑 462	艮 348	父 118	鯡 447	敦 137
䀇 475	gēng	宣 132	fēn	盦 137
gǔ	庚 545	富 321	分 25	敦 137
古 92	gèng	**G**	fèn	duō
鼓 138	更 136	gāi	忿 421	多 307
賈 269	gōng	晐 295	fēng	duó
罟 335	公 37	gài	丰 258	怒 427
䋄 335	攻 139	賅 273	鄷 278	鐸 488
䍏 335	工 187	匄 472	佯 345	**E**
汩 441	宮 325	阩 530	封 494	ē
gù	躳 327	gān	féng	阿 522

jí		huàn		恆	491	H		故	136
吉	56	喚	59	hóng		hán		固	261
脨	171	奐	109	忟	425	敢	144	囷	261
瘷	171	huáng		hóu		邯	279	憨	427
秸	177	皇	11	矦	222	hàn		guà	
即	210	黃	508	hòu		悍	420	詿	101
棘	309	huǎng		候	340	扞	460	guān	
疾	329	怳	421	hū		háng		涫	441
瘵	329	huǐ		虖	206	桁	248	關	455
悈	419	蚘	486	hú		忢	425	官	518
輯	517	毀	498	喜	59	hǎo		guāng	
jǐ		huì		胡	172	郝	278	光	399
己	59	薈	24	hǔ		好	464	guǎng	
脊	175	會	211	虎	206	hào		廣	381
麇	441	恚	422	hù		號	195	guī	
厼	500	huǒ		怙	418	浩	436	邽	278
岂	544	伙	344	户	452	隔	531	guǐ	
jì		惑	421	戽	452	hé		鬼	378
祭	7	huò		huā		茉	30	癸	547
禝	310	蒦	158	華	259	曷	192	殷	145
稷	310	隻	395	huá		郃	278	毁	179
冀	351	獲	395	滑	437	禾	309	簋	179
苟	377			huà		河	432	guō	
魃	378	J		畫	129	hè		郭	230
忌	421	jī		化	346	和	48	隥	530
忌	424	丌	180	huái		賀	267	章	230
惎	424	其	180	褢	346	何	340	guó	
紀	481	幾	428	huán		hēi		國	260
季	550	齎	241	萈	394	黑	400	guǒ	
jiā		齋	268	洹	434	héng		菒	31
嘉	200	羁	335	還	75	膻	175	椁	195
		羈	335

kài		駒	390	亟	443	驕	390	家	316
嘅	58	jǔ		巠	443	焦	399	豪	316
欬	366	棋	249	京	232	jiǎo		jiǎ	
kǎn		舉	469	麆	364	角	177	甲	540
凵	61	jù		涇	432	疝	331	jià	
kàn		弆	163	競	364	蟜	487	駕	297
旰	150	腢	163	jǐng		jiào		jiān	
看	150	瞿	163	井	209	校	247	肩	170
kāng		巨	189	jìng		jiē		戩	170
康	311	冣	333	俓	345	皆	152	兼	313
kàng		懅	427	敬	377	秸	313	湛	354
亢	407	juān		jiǔ		jié		監	354
閌	457	涓	436	丩	92	竭	413	jiǎn	
kě		juǎn		jiǔ		滐	33	簡	179
可	194	絭	103	訅	103	jiě		jiàn	
kè		jué		久	236	解	178	建	85
客	324	胆	173	籿	315	jiè		諫	700
kēng		膔	173	九	538	戒	109	櫼	249
誙	103	潏	436	jiù		疥	331	漸	433
硻	383	垺	468	咎	343	jīn		閒	455
kōng		蟨	488	葎	30	絵	485	閞	455
空	327	蠿	488	救	137	金	511	jiāng	
kǒng		jūn		就	232	釿	514	江	432
孔	449	君	47	廄	381	jǐn		姜	461
kǒu		均	492	舊	162	謹	99	繮	484
口	46	垎	492	臺	232	塞	328	jiàng	
kòu		鈞	512	贅	273	jìn		匠	473
宼	138	軍	517	鑹	513	近	76	降	523
怐	342	jùn		jū		盡	207	牖	559
kū		雋	158	痀	330	晉	292	醬	559
枯	244		**K**	居	361	jīng		jiāo

毛 361	雒 157	lǐn	léng	kù	
髦 374	lú	亩 234	棱 247	庫 380	
mǎo	闠 453	廩 234	lí	酷 558	
敄 143	閭 453	lìn	氂 506	kuā	
卯 553	間 453	吝 58	lǐ	夸 405	
méi	閵 454	閵 398	禮 7	kuài	
某 243	lǚ	líng	豊 206	快 416	
枚 244	旅 297	陵 519	李 240	kuǎn	
měi	旝 297	需 446	里 502	款 366	
浼 442	遴 297	lǐng	lì	kuī	
mèi	呂 326	阾 531	利 176	頯 369	
眛 150	履 362	隒 531	麗 393	kuǐ	
緐 486	頗 362	liú	立 408	赳 63	
mén	屏 362	留 508	力 509	悝 421	
門 452	lüè	劉 512	櫟 242	kuò	
méng	鄬 280	liǔ	lián	适 73	
盟 306	**M**	柳 241	連 75	**L**	
měng	mǎ	liù	liǎn	lái	
黽 489	馬 389	翏 156	斂 137	逨 78	
mèng	mái	六 536	liàn	來 234	
孟 550	霾 445	lǔ	練 482	棶 235	
mí	mǎi	魯 153	liáng	徠 235	
儴 428	買 270	鹵 451	良 233	倈 345	
mǐ	mán	lù	量 354	lán	
米 314	兩 334	睩 151	liǎo	藍 20	
mián	mǎn	鹿 393	繚 482	蘭 455	
冕 152	滿 437	陸 522	liào	闌 456	
宀 316	máng	陸 522	廖 290	lǎo	
miǎn	芒 23	luó	lín	潦 439	
丏 372	máo	羅 334	臨 355	léi	
míng	犛 45	luò	林 251	臘 175

臤 129	昪 303	袍 356	怒 418	名 46
羥 162	期 303	pén	思 418	明 305
qián	漆 433	盆 207	隉 531	烑 400
靲 63	七 537	péng	nián	mìng
遣 78	qí	彭 199	年 311	命 47
猭 397	訢 103	駍 391	niàn	móu
黔 400	奇 194	騯 391	廿 95	謀 99
qiǎn	邡 281	pí	niǎo	繆 485
淺 437	鄝 283	皮 135	鳥 164	mǔ
qiàn	旗 296	pì	niè	母 462
歉 366	齊 308	闢 454	聶 458	mù
汧 433	疛 333	闟 454	níng	莫 31
qiāng	耆 359	pín	嬰 61	目 149
羫 282	顈 371	瀕 443	寧 193	木 239
洸 442	駉 391	píng	niú	伯 346
qiáng	騎 391	平 195	牛 42	N
彊 477	慥 425	馮 391	nú	nǎi
強 487	淇 433	坪 492	奴 463	乃 193
弜 487	沀 433	pō	nǚ	nán
qiè	qǐ	頗 370	女 461	誦 102
痰 331	啓 135	pò	蠡 488	南 256
qīn	猗 398	霸 302	徶 489	náo
親 364	qì	pú	O	譊 101
qín	器 89	蒲 22	ǒu	nè
秦 312	棄 164	僕 107	歐 366	眲 152
聆 458	遠 165	筥 108	P	nèi
qīng	契 405	132	páng	內 212
青 209	qiān	脾 170	旁 5	ní
卿 375	牽 44	Q	pāo	尼 362
清 437	千 95	qī	脬 170	泥 435
qǐng	劮 129	桼 260	páo	nì

甚 191	shāng	rù	犬 394	頃 348
shēng	商 91	入 212	quàn	qìng
生 258	賓 269	縟 482	縓 483	慶 417
粁 315	shǎng	ruǎn	què	qióng
住 346	賞 268	堧 408	趙 62	竆 328
升 516	shàng	ruì	塙 493	竆 328
陞 530	上 3	芮 23	qūn	qiū
shèng	辻 3	ruò	囷 261	邱 280
𩁜 509	尚 36	若 25	R	秋 312
勝 509	糌 315	弱 373	rǎn	丘 351
shī	忐 525	S	冄 385	垕 352
市 255	shǎo	sà	rǎng	恧 426
shí	少 33	卅 96	纕 483	qiú
十 93	shào	sān	rào	求 359
笘 180	紹 482	三 8	繞 482	qū
石 382	璽 512	sāng	rén	胠 170
shǐ	shē	桑 253	𠂉 29	郘 285
史 123	奢 407	sāo	忎 339	屈 362
使 341	shé	騷 391	仁 339	區 473
始 463	舌 91	sè	任 341	曲 476
媨 463	shè	鄱 286	壬 547	qú
shì	舍 211	shā	人 337	渠 439
示 7	shēn	沙 438	rì	qǔ
士 13	訷 103	shān	日 291	取 121
事 123	參 298	山 379	róng	qù
奭 156	叁 298	shǎn	容 322	趣 61
市 228	伸 342	夾 406	戎 468	去 208
坊 228	身 355	陝 524	rǒng	迲 208
肺 229	塦 502	shàn	冗 322	quán
瑩 253	申 556	𠭗 87	rú	泉 444
室 316	shèn	善 104	如 464	quǎn

tuí	疼	331	穗	310	shuò		氏	467
積	364	滕	436	陵	530	朔	301	坿	502
	tuǐ	縢	483		sūn		sī		shǒu
僓	339	臘	486	孫	477	虒	206	首	372
	tún		tiān		suǒ	司	374	手	459
腯	362	天	2	所	514	厶	379		shòu
臀	362		tián		**T**	思	414	受	168
豚	386	畋	143		tā	緦	484	壽	360
忳	425	田	507	它	489	絲	486		shū
	tuó		tiáo		tà		sǐ	疋	88
駝	45	蓚	22	沓	193	死	169	書	129
佗	340		tīng		tái		sì	殳	132
鮀	518	町	458	臺	450	寺	133	弔	344
	tuò		tíng		tài	飤	210	俘	355
柝	245	亭	225	忕	424	四	532		shǔ
橐	245		tōng	泰	440	巳	554	黍	314
	W	通	74		tán		sòng		shù
	wā		tóng	談	97	宋	324	菽	321
鼃	490	童	106	燅	465		sōu	豎	130
	wǎ	僮	106		tǎn	蒐	22	豐	243
瓦	476	同	334	菼	23		sū	斢	243
	wán		tóu	莢	23	蘇	19	樹	243
完	321	頭	369		tāng		sù	庶	381
	wǎn		tū	湯	440	玊	12		shuài
綰	482	突	328		táng	遬	73	衛	86
盌	508		tú	堂	494	莤	559		shuí
	wàn	徒	72		táo		suì	脽	171
萬	539	筡	179	匋	217	祟	8		shuǐ
	wāng	邾	280		tè	家	37	水	431
汪	436		tǔ	忒	420	歲	65		shùn
	wáng	土	491		téng	采	310	順	370

凶 316	肖 171	敳 495	瘜 332	王 9	
xiū	憢 426	xì	吴 406	亡 472	
脩 173	xiǎo	係 342	淏 442	wēi	
xū	小 33	戲 469	毋 466	巍 379	
盱 149	xiē	xiá	wǔ	危 382	
胥 173	歇 365	柙 248	武 470	wéi	
敘 365	xīn	xià	五 534	爲 115	
戌 560	訢 100	下 5	午 555	雝 332	
xú	欣 365	夏 236	wù	維 484	
徐 79	心 414	xiān	戊 544	wěi	
xuān	忻 416	先 279	**X**	唯 47	
宣 316	新 515	xián	xī	諉 101	
騂 390	辛 546	咸 48	譆 102	委 464	
煖 399	xìn	胘 172	析 247	wèi	
亘 491	信 99	麒 452	昔 295	菁 30	
xuán	xīng	鹹 452	腊 295	衛 86	
玄 167	鮏 446	衔 512	㑴 347	叀 517	
xuē	xíng	xiǎn	狧 397	未 556	
薛 21	行 85	鼂 294	息 415	wēn	
xué	刑 177	瘜 333	西 451	溫 432	
穴 327	荆 177	xiāng	鯣 465	wén	
闋 457	郱 283	相 149	xǐ	㲋 250	
xuè	滎 438	襄 356	蒠 26	文 373	
血 208	甚 494	xiáng	徙 74	紋 485	
xún	型 494	洋 434	踄 74	wò	
壐 489	陘 524	xiàng	諰 101	沃 439	
xùn	xìng	巷 286	喜 197	wū	
巽 181	杏 239	郤 289	意 198	烏 163	
樳 242	幸 406	向 317	圷 494	wú	
噿 501	悻 419	象 386	壐 494	無 251	
	Y	xiōng	xiāo	鋊 494	瘉 332

右 53	寅 553	巸 459	繇 478	yá
又 117	yǐn	義 471	繇 478	牙 87
yū	尹 118	彝 485	銚 511	yà
迂 76	㹷 118	疑 551	yào	亞 533
yú	隱 524	yǐ	獟 396	yán
余 41	yìn	乙 541	yé	延 85
予 168	印 375	以 554	邪 280	言 96
于 195	yīng	yì	yě	甾 383
虞 207	瓔 13	嗌 46	也 467	鹽 452
榆 243	英 23	異 110	野 507	閻 454
玗 414	嬰 464	肆 129	yè	yǎn
雩 445	纓 482	毅 133	業 106	讉 104
魚 446	縈 482	賵 271	夜 306	訨 104
揄 459	纘 483	邑 275	愈 429	弇 109
臾 557	yíng	疫 332	曳 557	衍 435
yǔ	熒 401	裔 356	yī	掩 460
御 84	yìng	驛 392	一 1	匽 473
歔 144	膺 97	亦 405	依 340	yàn
羽 156	yōng	意 416	衣 355	宴 321
豫 387	雝 157	懿 427	壹 406	yáng
懇 418	癰 330	泄 434	yí	羊 162
禹 540	yòng	翼 447	台 48	楊 241
yù	用 147	弋 466	訑 48	圉 262
御 84	yóu	yīn	詒 101	易 384
卸 84	游 297	音 105	貽 271	陽 519
或 470	猶 396	垔 498	鄖 282	煬 397
yuān	yǒu	陰 519	宜 323	yāo
悁 422	友 122	yín	怡 417	妖 465
淵 437	有 305	閽 98	悘 426	yáo
yuán	酉 557	㝒 230	洟 551	甄 282
朊 44	yòu	貪 307	潕 442	姚 461

重	353	支	129	zhān		脚	323	敳	144
zhōu		之	254	占	147	zài		園	261
周	57	紱	486	zhāng		再	165	瑗	398
州	334	陟	523	璋	12	zàn		原	444
zhū		zhí		章	105	贊	268	援	460
諸	98	直	472	張	476	zāng		yuàn	
朱	243	zhǐ		zhǎng		戕	130	邧	284
邾	279	止	63	㫈	414	臧	130	願	370
zhú		旨	197	掌	459	塟	131	yuē	
逐	76	枳	242	zhàng		瓸	131	曰	191
zhǔ		zhì		賬	271	zǎng		yuè	
枓	246	舣	144	zhāo		駔	392	越	62
zhù		寘	167	習	291	zào		樂	247
祝	7	致	235	昭	291	造	72	月	300
壴	199	質	269	朝	296	竈	327	閱	456
鑄	286	稺	310	zhào		zé		鸑	456
zhuān		稚	310	詔	100	則	176	爒	466
專	135	志	415	zhé		zè		yún	
zhuǎn		至	450	悊	416	汄	441	鄖	280
耑	552	摯	460	蟄	487	zéi		勻	376
zhuàn		時	507	蟄	487	賊	469	雲	445
僎	339	zhōng		zhě		zēng		yǔn	
zhuāng		中	15	者	153	繒	222	狁	386
莊	19	邟	283	zhēn		zhā		yùn	
zhuàng		忠	416	貞	146	蔽	27	孞	362
壯	15	終	482	羕	240	叡	120	**Z**	
狀	395	zhǒng		槙	244	柤	245	zā	
zhuī		冢	377	真	347	櫨	246	迊	77
隹	157	zhòng		zhèng		橭	245	zǎi	
雖	414	種	310	正	71	zhà		宰	323
zhuì		眾	352	zhī		乍	472	宷	323

尊 560	姕 465
			zuǒ		綴 533
			左 183		zī
			佐 347		薋 25
					茲 168
					訾 270
					鄑 281
					zǐ
					梓 241
					子 549
					zì
					自 152
					骴 173
					zōng
					宗 325
					zōu
					騶 392
					zǒu
					走 61
					zú
					薜 87
					足 87
					槭 250
					卒 357
					zǔ
					阻 523
					陬 523
					zuì
					最 333
					取 333
					zūn

後記

最近幾年一直在做新出古陶文資料的搜集和研究，先後出版了《新出齊陶文圖録》《新出古陶文圖録》，之後萌生了編纂『新出古陶文文字編』的想法。《新出齊陶文圖録》《新出古陶文圖録》由學生張夢楠掃描、剪切；《秦陶文新編》由學生余競穎掃描、剪切；其他新出古陶文資料都由我自己掃描、剪切。在此基礎上，我匯總、挑選典型字形，初步完成一——十四卷，由趙敏、張夢楠放入表格，申報國家社科基金後期資助項目。承蒙五位評審專家厚愛，僥幸立項。五位評審專家從不同的角度，指出了許多問題，我們一一加以吸收，對初稿作了大幅度的修改，删除大量字形辭例相同者，按照時代和地域分欄，對不清晰的重要字形做了摹本、修正字形方向傾斜嚴重的字形，增補了大量新出古陶文材料。

二〇二〇年四月增補完成後，程燕、張振謙、李鵬輝、蔣偉男等又將稿子從頭到尾核查一遍，指出了不少問題，我們加以吸收、調整。申報項目時的音序索引和筆劃索引是趙敏博士完成的。由于排版頁碼全部變化，字頭又删改了很多，最終的音序索引和筆劃索引由徐加跃完成。博士後顧王樂校對書稿，又發現了不少問題。在此一併向他們表示感謝！

二〇二〇年七月又做了一次大的修改，进一步删改、增補、處理字形。增補了近几年新出的古陶文資料，有陶文專書、考古發掘報告、個人珍藏，等等。不管外面是傾盆大雨，還是酷暑潮濕，宅在家中，處理字形，效率極高。增補完成後，博士生楊爍指出了燕陶文部分的許多問題，比如『少』，我誤釋爲『分』；『弔』，誤釋爲『虍』；『缶人』，誤釋爲『兑』等。關於『』字，我認爲裡面是『呈』，但他釋爲『⿸疒呈』。向于軍兄請教，他發來陶文照片，認定楊爍的釋法是對的。最終，我采用了他們的釋法。古人書信往返討論學問，時間漫長。我們現在是微信，一點發送，器物照片、拓片圖像馬上就到了。方便！

在搜羅材料的過程中，得到上海唐存才、西安王國強、鄭州焦新帥、安陽程志吉、易縣于軍、臨淄張樂、太原孔祥宇、萊蕪馬文剛，以及中山大學范常喜、師弟吴良寶、何景成等諸位師友的幫助，他們或提供陶文著錄信息、或賜贈拓片。自怡齋、木葉堂、乾堂將珍藏的未發表的陶文發我，慨允使用。博士生管樹强、楊爍從臨淄、萊蕪、西安、北京等藏家手中爲我代購多批古陶文拓片，我們一起探討陶文、陶器，獲益良多。有書讀，有資料把玩，有二三師友切磋，人生足矣，夫復何求！出版社李君老師，認真負責；排版的劉老師精益求精，一絲不苟。寫到這裡，用兩個字來表示我此時的心情：感謝！

看完最後一頁校樣，距離大年三十還有五天。過去的一年，上半年生活在新冠疫情的陰霾之下，戰戰兢兢；下半年鬆了口氣。臨近春節，新冠又捲土重來，陰霾再次籠罩。但我堅信，世間的一切邪惡，不可能長久！陰霾最終會被驅散！今天就是這樣，外面太陽高照。我相信明天、後天也會如此。

二〇二一年二月六日（臘月二十五）